FICCIÓN Y REALIDAD

Introducción a las técnicas narrativas

Enrique D. Zattara

FICCIÓN Y REALIDAD

Introducción a las técnicas narrativas

EL OJO DE LA CULTURA

INTRODUCCIÓN

Cada persona tiene su especial relación con la literatura. Algunas personas, de hecho, no tienen ninguna. Me gustaría poder, dicho esto, agregar ese comentario habitual de que eso no los convierte en mejores o peores personas, pero no me gusta decir mentiras, aunque esas cosas que yo creo verdades puedan estar equivocadas. Yo sí creo que la literatura hace mejores a las personas. Lo que sea o no ser mejor, ya allí el asunto se complica, así que hasta aquí llegamos.

Volviendo a nuestras relaciones con la literatura. Algunos, generalmente por influencia familiar, empezamos muy pronto esa relación. En mi caso, hijo de familia de clase media de escasos recursos económicos pero con una madre maestra, aprendí a leer alrededor de los cuatro años y probablemente antes de los ocho me había leído unos cuantos de los inolvidables volúmenes de la colección "Robin Hood", una colección amarilla que abarcaba desde las aventuras de Sandokán o los clásicos de Walter Scott hasta *Corazón* de Edmundo de Amicis o los *Hombrecitos* y *Mujercitas* de Louise May Alcott (debo admitir, no sin un dejo de pudor literario, que eran estos últimos los que más me atraían). No puedo, por desgracia, invocar como Borges la lectura de prestigiosas obras maestras, pero vaya a saber si en realidad las primeras lecturas de Borges fueron esas o, como casi todo, el gran escritor se las inventaba.

Otros empiezan a leer en la escuela y paulatinamente, se van dejando envolver por la magia de la ficción (o de la poesía, aunque generalmente eso ocurre un poco más adelante), un hechizo que ya no podrán quitarse por el resto de su vida. Es probable que esos hayan tenido acertados maestros y profesores, porque también es una gran -y lamentable- verdad que la nefasta acción de tantos burócratas de la docencia a los que les asignaron Literatura en lugar de (qué sé yo: Botánica), termina precozmente con la pasión lectora de más de uno.

Entre esos apasionados de la lectura temprana, algunos imaginamos que podríamos expresar nuestro mundo del mismo modo que esos autores a los que hemos aprendido a admirar. Y empezamos a probar suerte. Mis primeras novelitas (sobre los doce años) estaban protagonizadas por un espía llamado Peter Send (eran tiempos del auge cinematográfico del James Bond de Sean Connery), aunque muy pronto empecé a incorporar a la intriga y el misterio dosis de "psicología de los personajes" (o lo que yo creía entonces que era eso). Nunca fui bueno con el género de aventura o misterio, la verdad, y tampoco sé si lo soy en otro género, pero en todo caso extendamos sobre ello un piadoso manto. La poesía me llegó un poco más grande, supongo que sobre los catorce o quince. Otros nunca llegaron a tener esa equívoca ambición, y hoy son felices y ávidos lectores mientras disfrutan de su bien ganado pasar como ingenieros, médicos o leguleyos.

Entre los que van quedando en esta criba (o sea, los que decidimos escribir), hay todavía más variables. Unos (quizás los menos, pero eso es lógico) han llegado a ser notables escritores (quizás incluso alguno, un gran escritor). Otros han comprendido que nunca llegarían a serlo, y se han desmoralizado (*no es pa' todos la bota e' potro*, diría el criollo). Algunos más no nos damos por vencidos a pesar de las evidencias, y seguimos intentándolo. Y por fin, hay quienes – a causa de urgencias primordiales (los estudios, la carrera profesional, mantener a la familia o vaya a saber qué infinidad de posibilidades que todos conocemos incluido el nunca suficientemente valorado azar) – han ido dejando de lado el sentarse algunas horas de su tiempo a la máquina de escribir (cuando todavía no había programas de texto y computadoras) para pergeñar ficciones, hasta abandonarlo para siempre. Lo que no significa, claro, que hayan perdido para siempre las ganas de volver a intentarlo.

La experiencia (la mía al menos) me indica que pertenecen a esta última categoría la mayor parte de quienes un día deciden recuperar aquel aliento interrumpido por la vida, y acuden a un Taller Literario para recuperar esa parte de sus inquietudes creativas que quedó empantanada en el camino. También los jóvenes lo hacen, por supuesto. Aunque en tiempos actuales, exista ya a nivel de la enseñanza formal, sobre todo universitaria, la opción de esos cursos y másteres de "Escritura Creativa" que, copiosamente explotados en el mundo anglosajón, han invadido ahora las aulas de todo el mundo. Tanto que, como la tendencia de que nada escape al control institucional siga adueñándose abrumadoramente de la sociedad, más pronto que tarde tendremos prohibido escribir literatura sin el título habilitante de alguna universidad. No se rían: no falta mucho para que ocurra. Pero esa es otra historia.

Iniciarse (o, como creo que ocurre en la mayoría de los asistentes a talleres literarios, *re*iniciarse) en la escritura literaria tiene sus costes (y el menor de ellos, desgraciadamente para los que damos los talleres, es el económico). Hay que plantearse, ante todo, multiplicar geométricamente el tiempo destinado a leer. Hay que pensar que no bastan un par de horas semanales en el Taller: habrá que perseverar en la práctica de lo que se va adquiriendo en las sesiones. Hay que quitarse prejuicios: estéticos, pero también personales y hasta morales quizás. Hay que perder el miedo a lo que dirán los demás, y la vergüenza de decir a los demás lo que pensamos de ellos y de su propia creación. Pero las satisfacciones pueden ser enormes como compensación. No abundaré retóricamente: hay que hacer la experiencia.

Sea como fuere, subsiste la pregunta del millón: ¿se puede aprender a escribir? Mi respuesta es categórica: sí. No quiero decir con ello que un curso de taller (ni el de la mejor universidad) convierta a un tarugo en Borges. Por motivos que no es aquí el caso de debatir, es obvio que existe gente que escribe fatal y nunca dejará de escribir así, y hay unos pocos genios literarios a los que nunca podremos alcanzar con másteres y títulos. Pero en medio, existen (existimos, me incluyo aunque quizás no sea más que una módica vanidad) muchos escritores que sin duda pueden potenciar sus capacidades, su creatividad y sus resultados estéticos con el conocimiento de técnicas y recursos del oficio literario. Y esas técnicas y recursos existen, a nadie le quepa duda.

A mí, sí que me han servido los talleres que he hecho en mi vida. Así que si usted, estimado lector, se considera incluido dentro de esa franja de quienes quizás no estemos tocados por vaya a saber qué designio divino, pero estamos convencidos de que algo tenemos para decir en el arte de la palabra escrita, no dude en hacer la experiencia. Sin ir más lejos, y permítanme antes de terminar esta Introducción que apele a un pequeño Espacio de Publicidad, puede acercarse a formar parte de los Talleres de Escritura de El Ojo de la Cultura Hispanoamericana, presenciales en Londres y online en cualquier parte del mundo en que se hable la lengua castellana (o española, como cada uno prefiera llamarla).

Entretanto, y como para que vaya haciéndose a la idea de esos conocimientos básicos que a todo escritor le han de servir para hacer su camino (y por qué no, de inspiración), ofrezco estas páginas que siguen, a manera de iniciación (e incitación).

Espero que le aprovechen, pero sobre todo, que las disfrute.

Escritura, escritura creativa y literatura. Definición y problemática de los géneros.

El diccionario de la RAE, entre varias significaciones señaladas para la palabra ESCRITURA, define dos que son las más usuales y centradas en el territorio que nos interesa. Por un lado, la escritura es el *Sistema de signos utilizado para escribir*; y por el otro, generado por extensión, se llama así al *Arte de escribir*. Escribir es la forma de fijar la palabra oral para prolongar o preservar en el tiempo lo que el hombre ha querido afirmar o significar con la emisión de una *proferencia*, que no es otra cosa que una serie de sonidos articulados a través de los que el ser humano **se expresa comunicándose**. Por lo tanto, toda sucesión de signos gráficos que representan un lenguaje, son escritura.

La escritura tiene una enorme variedad de utilidades en la vida y la comunicación de los seres humanos: desde un documento personal, un contrato, una normativa social, etc, hasta los más elaborados textos de la literatura. Escritura es, simplemente, todo lo que está escrito. Por eso, a menudo la idea de escritura suele venir acompañada de "apellidos" que intentan clasificar sus diferentes funciones para acotar su uso. De allí que nos encontremos habitualmente con esa bastante equívoca denominación de **"escritura creativa"**, para señalar una utilización (y por lo tanto, unas características y modos) de la escritura que exceden –al menos- su carácter meramente documental. Una denominación, como decimos, bastante flexible, y desde luego peligrosamente opinable. ¿Acaso no han tenido creatividad los que buscaron y encontraron, en cada época y lugar, las mejores fórmulas para que un contrato sea lo más fiel posible a sus objetivos? ¿En la escritura histórica, por ejemplo, dónde está el límite entre lo meramente documental o testimonial y el estilo que permite llegar de un modo más o menos claro y efectivo al lector?

Escritura documental y escritura creativa

Ejemplos como estos podríamos estar debatiendo eternamente. Pero para no complicarnos tanto la vida, vamos a dejar de lado profundizar en estas disquisiciones más profundas, y aceptaremos la idea más habitual de "escritura creativa" como un espacio en el que el escritor –además de la utilización correcta, gramatical y semántica, de las palabras- debe incorporar un *plus* propio al que en términos globales (aunque luego habrá que entrar en mayores detalles) podríamos llamar **estilo**. De ese modo, en lugar de una clasificación por géneros, quizás sería posible pensar una clasificación más transversal. Por ejemplo: puede haber historiadores que se limiten a un uso meramente documental de la escritura, mientras que hay otros –dentro del mismo género- que utilicen la palabra de manera menos "mecánica", buscando producir determinados efectos que apuntalen sus argumentos o entusiasmen al lector a seguir por el camino de la lectura, etc, hasta el punto de que por momentos pueda hacerse incluso una utilización del lenguaje lindero con la propia literatura.

Estas puntualizaciones no pretenden generar un debate, sino simplemente proponer una mirada diferente sobre la escritura que no se base en la clasificación temática, sino fundamentalmente en la **función comunicativa** que adopta en cada caso particular. La Historia sin dejar de ser fiel a su objetividad puede acercarse mucho a la Literatura. La Literatura, por su parte, tiene una larguísima tradición en tomar como tema sucesos históricos o hechos reales. Un libro de Historia bien escrito puede ser atractivo y apasionante para el lector de Novelas. Una Novela histórica puede resultar muy interesante para un lector de Historia. Ni hablar ya de la cercanía propia de dos utilizaciones de la escritura tales como lo son la Literatura y el Periodismo.

La literatura es ficción

Sin embargo, es muy importante no confundir el **punto de partida** que convierte a cada género en tal, o sea el elemento – el objetivo de la utilización de la escritura- que caracteriza e identifica a ese género. La escritura Periodística tiene como objetivo informar (o incluso analizar y hasta aleccionar: no olvidemos que opinar también es función del periodismo) acerca de un hecho o suceso ocurrido en la realidad (aunque convengamos en que hoy por hoy hay demasiada Literatura – generalmente mala- disfrazada de Periodismo: también hay mucho Periodismo malo disfrazado de Literatura). La escritura Histórica tiene como objetivo exponer, develar o revelar las características de una situación realmente ocurrida en el seno de la historia (el texto puede ser muy malo desde el punto de vista literario, y no por ello tiene que dejar de ser de absoluto valor histórico; y viceversa).

No debe confundirse por tanto la idea, tan utilizada actualmente, de "escritura creativa" meramente con la literatura. Y por eso, a pesar del considerable –y pertinente- debate actual sobre el límite de los géneros, creemos necesario deslindar los diferentes tipos de escritura atendiendo a sus fines específicos básicos. Aunque cada género pueda, a su vez, tomar "prestado" de otras escrituras elementos que contribuyan a sus fines, es importante tener claro que cada género tiene su especificidad, y **esa especificidad está determinada por su objetivo comunicativo**.

Una crónica periodística, por ejemplo, de hecho tiene muchos elementos propios de la literatura, ya que se trata ante todo de una narración. Pero sus objetivos son diferentes. En un caso –la crónica- el objetivo es informar al lector acerca de un suceso o acontecimiento ocurrido en la realidad. El punto de partida del **contrato** que se establece tácitamente entre autor y lector, es que el hecho del que se habla es –o fue- un hecho REAL, ocurrido en el tiempo y el espacio concreto. El lector "acepta confiadamente" que –descrito con más o menos recursos literarios- el hecho que se le está contando es REAL y no cabe dudar de ello.

En el caso de la literatura (pongamos por caso una narración literaria, o sea un cuento, relato o novela), el punto de partida del contrato entre autor y lector es otro: lo que se cuenta es una FICCIÓN. Se produce en este caso en el lector aquello que Jorge Luis Borges denominaba "la suspensión momentánea de la incredulidad". Esto es: el lector está dispuesto a suspender (mientras lee esa narración) sus habituales criterios de credibilidad y acepta que los hechos transcurran tal como el narrador se los está contando. Siempre partiendo de saber de antemano –por ese **"contrato"** previo- que lo que se cuenta no es un hecho de la realidad, sino un hecho urdido por la imaginación del escritor.

De hecho, se da la paradoja de que pueda haber textos literarios que reproduzcan fielmente un hecho real (supongamos que el autor cuenta en su novela un episodio de su vida), pero el lector tomará este hecho como una invención dentro de la trama narrativa. Este contrato previo que se establece entre escritor y lector cuando la narración es **literatura** (ficción), actúa tanto en el caso de que el lector ignore que el hecho relatado está extraído de la realidad (por ejemplo, una vivencia infantil del autor) como si puede corroborar su existencia real inequívocamente (por ejemplo, el autor cuenta una guerra que ocurrió realmente). Es **el objetivo de la comunicación**, el que diferencia una crónica periodística de una narración literaria. Desde luego, esta **convención** (a la que aquí llamamos **contrato** para recalcar que es una convención aceptada previamente por ambos protagonistas del hecho comunicativo) es muy útil a algunos periodistas –desgraciadamente más de lo deseable- para hacer pasar por crónicas de un hecho real a meras invenciones de su febrilidad imaginativa o manipuladora.

En ese sentido, no compartimos la clasificación que en los últimos tiempos suele establecerse entre LITERATURA de FICCIÓN y de NO-FICCIÓN. En nuestra opinión, **la literatura** como género, **siempre es ficción**, en virtud de ese contrato establecido por el género. Otra cosa es que un historiador o un periodista (¿y por qué no un científico o un jurista?) **utilice recursos literarios** para embellecer su texto. Se puede narrar, utilizando recursos propios de la literatura, la **crónica** de un hecho real; pero el resultado no será Literatura sino Periodismo, porque el objetivo comunicativo es la información. *Exactamente el mismo texto*, planteado como **Novela**, por ejemplo, partirá del objetivo de entretener (y todos los objetivos colaterales propios de la Literatura, por supuesto), y por tanto el lector no podrá exigir al autor (ni se lo planteará siquiera, por principio) la corroboración histórica, geográfica, etc, de cada uno de los episodios que se narran. Esta diferenciación es esencial para ubicarnos en el plano de la Literatura y saber de qué estamos hablando y cuál es nuestro objetivo cuando nos planteamos ser **escritores** en el sentido de **"autores de obras literarias"** (es decir, escritores en el sentido de **artistas**). Sin perjuicio, como hemos dicho, de la interpenetración entre ambas, existe una escritura **documental** (incluida la escritura científica), que tiene la impersonalidad, la objetividad por horizonte (aunque naturalmente esto es imposible, porque todo lo escrito es escrito por *alguien*); y otra **creativa** que apela a un rasgo personal, diferenciador. Pero esta escritura creativa puede ser aplicada a una diversidad de géneros, de acuerdo a su **objetivo comunicativo** y por tanto al **contrato** establecido como punto de partida entre escritor y lector. **La Literatura es uno de esos géneros de la escritura creativa**, el género en el cual los recursos textuales se utilizan en **función estética**.

La cuestión de los géneros literarios

Sin embargo, todavía debemos afinar más el pincel si queremos acercarnos al tema que nos planteamos desarrollar en esta primera parte, que es el de la literatura **narrativa**, o de la **narración literaria** si se prefiere (y más aún si nos referimos a lo que tratará: el **cuento** y el **relato**). Aquí el terreno comienza a hacerse más resbaladizo y sin duda por ello mucho más polémico. No dudamos de que la taxonomía que hemos defendido en las primeras páginas no es unánimemente aceptada, y puede ser objeto de controversia. Pero en cuanto a la caracterización de los géneros dentro de la literatura, el asunto es más álgido todavía.

En efecto, hay quienes –con argumentos muy aceptables- defienden la idea, muy explícita en muchísimos textos literarios a partir de las vanguardias de principios del siglo pasado, de que la escritura literaria es una sola y la división tajante entre sus géneros (poesía, prosa poética, relato, cuento, novela, teatro, etc) es limitante y empobrecedora. Un concepto que personalmente, y en primera instancia, estamos dispuestos a compartir. Efectivamente, en la literatura actual hace tiempo que se han roto los límites estrictos entre los géneros, y mantenerlos a rajatabla haría imposible clasificar a gran parte de la literatura que se ha escrito en los últimos cien años, y sobre todo a la que se escribe actualmente. Sin embargo, aun aceptando esta matización, consideramos que estos desarrollos actuales de la literatura son producto de la **transgresión** de los géneros existentes históricamente, como ha ocurrido siempre en la historia de la literatura (el *Quijote* es una transgresión de las **novelas de caballería** –el *Amadís de Gaula*, por ejemplo- pero para producir tal transgresión hubo de existir previamente un género a ser transgredido, en este caso las **novelas de caballería**). Como para superar al maestro, ya se sabe, primero hay que saber lo que él sabe y conocerlo a fondo, nos parece que podemos posponer para otro momento el adentrarnos en la polémica sobre los géneros literarios, y sin negar que ese es un elemento que sobrevuela la literatura actual, concentrarnos (como si practicásemos la *"epojé"* fenomenológica) en los elementos propios de la caracterización habitual de esos géneros. Y como lo que nos planteamos es hablar de la **narrativa (cuento, relato, novela)**, vamos a ir a ello, prescindiendo por ahora de caracterizar otros géneros literarios como el teatro, la poesía, etc.

La narrativa. Novela, relato, cuento. Autor, narrador y personajes.

Desbrozado ya el tema de lo que es o no es literatura (más allá, claro, de las valoraciones cualitativas), vamos a ver cuál es la característica de ese tipo de literatura que conocemos como narración.

Narrar (contar) es una de las actitudes más antiguas de la humanidad. Desde el principio de los tiempos, y tras superar la etapa de la comunicación meramente expresiva y luego meramente denotativa (suponiendo –otra polémica en la que no vamos a entrar aquí- que haya sido así el comienzo de la comunicación humana), los seres humanos han contado (**narrado**) sus peripecias y el contar algo ha conformado la base de la comunicación. Los hombres de Altamira o de Atapuerca habrán tenido que **narrar** a sus hijos cómo se cazaban los ciervos o los bisontes para enseñarles a hacerlo. Cuando el hombre intentó empezar a explicarse por qué la naturaleza actuaba de determinadas formas, o producía determinados ciclos, incluidos los de la propia vida y muerte humanas, comenzó a crear mitos cuya efectividad consistió en ir siendo transmitidos **narrativamente** de generación en generación creando unas cosmovisiones particulares que daban marco y cobijo (al menos psicológico) a la existencia. Del mismo modo, habrá ido creando progresivamente otros relatos para explicar de manera sencilla a su descendencia las cosas que hay que saber para sobrevivir, inventado historias aleccionadoras o ejemplificantes, etc. De allí a inventar historias con el mero fin de entretener a otros interlocutores el paso es casi mecánico. En el momento en que las narraciones empezaron a diferenciar sus objetivos (la transmisión de conocimientos por un lado –por ejemplo - y la función de entretener a una audiencia reunida por la noche alrededor de una hoguera), podríamos decir que nació la **narrativa como género**. Aunque en sentido estricto, no deberíamos llamarla literatura, ya que en principio se trataba de narraciones meramente orales; e incluso surge la duda de si llamarla "artística", ya que seguramente no existía el concepto de lo "artístico" en aquellos tiempos primitivos.

Narrar, por tanto, no es otra cosa que **contar algo**. Es cierto que en todo texto escrito con función comunicativa se cuenta algo. No sólo tiene que ser un hecho, se puede contar –expresar- un estado de ánimo, una impresión, un sentimiento. ¿Por qué no son narrativa, por ejemplo, una gran cantidad de poemas que cuentan una historia o una situación? Cierto tipo de poesía –pienso, por ejemplo, en Pavese - suele clasificarse precisamente como "**poesía narrativa**", y sin ir más lejos (o quizás, paradójicamente, yendo lo más lejos que permite la literatura) *La Ilíada* está contada en verso. Pero también en este caso – haciendo las salvedades con respecto a la diferenciación de géneros literarios que ya introdujimos en el párrafo anterior - el elemento diferenciador central está en la **función comunicativa del texto**.

En el caso de la **poesía**, aun cuando muchas veces utilice en su estructura un tiempo narrativo, el objetivo de la comunicación del autor es la puesta en escena de una sensación, de un sentimiento, lo que –a veces peyorativamente- se suele denominar "una efusión lírica". Esto es: se trata de un género donde la utilización de la escritura es eminentemente **subjetiva**, personal (aunque en tantas ocasiones – pienso ahora en Brecht - se refiera a hechos de carácter social e incluso político).

La **narrativa**, en cambio, más allá del punto de vista del narrador – que constituye parte de la ficción, como veremos en otro capítulo - pretende presentarse como una expresión **objetiva**. Por convención (acordémonos siempre de esa idea del **contrato tácito** entre escritor y lector que determina la función de la escritura) en la narrativa el escritor describe al lector una situación objetiva (aunque también, en ese marco, exprese los sentimientos del narrador). Por convención, en la poesía el escritor sugiere al lector una expresión de su interioridad, de su subjetividad (aunque para hacerlo se valga de una narración).

Esta diferenciación, en todo caso, es incluso más definitoria que la que se considera tradicionalmente, esto es, que la poesía se escribe en **verso**, y la narrativa en **prosa**. Porque esta característica que cualquiera pondría como principal a primera vista, aunque sea lo normal, no siempre se ajusta a la realidad: como dije, aunque por razones históricas y mnemotécnicas *La Iliada* o *La Odisea* estén escritas en verso, sería poco usual que alguien las clasificara dentro de la poesía, en lugar de dentro de la narrativa (o para ser más justos, de la **épica**, que en todo caso es el primer antecedente histórico de la novela); y hay muchísimos textos en la línea de lo que se suele denominar **prosa poética** que evidentemente entran dentro del género de la poesía. Todo esto, como todo lo que se mueve (en la literatura y fuera de ella) podría tener contraargumentos, claro, pero por ahora quedémonos con estos conceptos.

Los géneros narrativos

Diferenciada ya la **narrativa** de la **poesía** (y de otros géneros literarios, como el **teatro,** donde la diferencia no hace falta explicarla), entramos ya en la alternativa de subdividir a su vez el género narrativo en subgéneros: en este caso, veremos que todos ellos cumplen la misma función comunicativa a través de los mismos principios en cuanto al uso de la escritura, pero presentan diferencias estructurales importantes. También en este campo hay polémicas, aunque no son de tanto calado como en el caso de la división genérica de la literatura. Suele dividirse este territorio en **novela, cuento** y **relato.** Esta caracterización, para algunos, tiene origen en una cuestión de **extensión.** La novela, suele decirse, no se puede abarcar en una sola lectura; mientras que el cuento tiene como característica lo contrario, es decir, leerse "de una sentada". Para quienes así clasifican, no habría diferencia por lo tanto entre cuento y relato, en la medida en que ambos participarían de su característica de poder ser leídos de una sola vez. El género que estrictamente se conoce como cuento, sin embargo, parece tener mucho más acotadas sus reglas que muchos otros textos de dimensiones similares pero estructuralmente mucho más flexibles.

En todo caso, para empezar, habría que decir que **relato** es, en puridad, lo mismo que **narración.** Por lo tanto, unos y otros (y las novelas) son siempre relatos. Para otros, criterio que comparto, lo que marca la diferencia entre una novela y un cuento es también un criterio de **intencionalidad**. La **novela** brinda la posibilidad de contar muchas historias, o una historia con muchas ramificaciones, detenerse en desvíos y digresiones por parte del narrador, en suma – esto dicho como escueto resumen - constituye (o puede constituir) un mosaico de narraciones, que incluso no siempre terminan conformando una historia única (pienso, por ejemplo, en *Las palmeras salvajes* de Faulkner). El **cuento**, en cambio, debe contar una historia (o varias historias si el autor lo cree conveniente) que necesariamente apunten a un único tema: puede no tener **unidad de acción** (aunque el cuento clásico normalmente tiene esta característica) pero sí debe tener absoluta **unidad temática**. Desde este punto de vista, textos habitualmente considerados **novelas cortas** (como *El viejo y el mar* de Hemingway o *La metamorfosis* de Kafka) serían en realidad más bien **cuentos largos.** Un asunto más para el debate, desde luego.

Por fin, si partimos – como siempre debe hacerse - de la realidad fáctica y no de la mera teoría, comprobamos que existen dentro de este último género relatos cuya estructura está sometida a una serie de reglas mucho más rígidas que otros. No sólo, repito, porque lo establezca la teoría, sino porque también hay una diferencia en la utilización del lenguaje en su función comunicativa, lo que permite obtener unos u otros efectos según la intencionalidad del autor.

Los más puristas diferencian entre el **cuento** como género estrictamente considerado, y otras formas de relato más laxos, que en todo caso suelen caer bajo la denominación de **relatos** a secas (y a los cuales, purismo hablando, se les suele considerar una especie de géneros menores, lo cual es por cierto muy dudoso). Esa diferenciación, sin duda, existe; pero en todo caso prefiero relegarla al ámbito de la elección estratégica del autor, más que considerarla una subdivisión genérica. Personalmente, prefiero mantener la denominación indistinta de **cuento / relato corto** para todo relato que no sea una novela. Todos estos temas, naturalmente, los iremos desarrollando cuidadosamente a lo largo de estas páginas. Por el momento, me limito a enunciarlos.

Otra interesante reflexión posible, es acerca del sentido narrativo de muchos otros géneros de la escritura sin que ellos pertenezcan al ámbito de la Literatura. Por ejemplo: ¿no son en el fondo, **relatos** la Historia, la Ideología, la propia Filosofía? Y hasta –postulan algunos- la Economía. ¿No hay acaso **más de un relato** cuando se trata de describir un momento o un hecho histórico? ¿Se trata de un relato **verdadero** y otro **falso**, o acaso es el **punto de vista del narrador** –esto es, la ubicación social, cultural y política del historiador en la situación o el hecho histórico- lo que determina sus diferencias?

Lo siento, voy a dejar este tema "botando en el área", como suele decirse utilizando una metáfora futbolera, porque en rigor no hace básicamente al tema por el que hemos propuesto este libro. Pero no me cabe duda de que es un tema radicalmente importante para entender cuáles son los sistemas a través de los cuales la escritura pretende o puede dar cuenta de aquello que – también – es objeto de polémica: la realidad.

Autor, narrador y personajes

Antes de terminar este apartado, vamos a abordar un tema que es imprescindible entender de entrada si pretendemos empezar por buen camino en el terreno de la narrativa literaria. Primero que nada, vamos a recordar una de las cuestiones más importantes de las que hemos hablado hasta ahora: la literatura parte de una suerte de contrato tácito establecido entre el autor y el lector, por el cual el lector "suspende momentáneamente" (es decir, mientras dura la lectura de esa narración) sus propios criterios lógicos de credibilidad y acepta los que le propone el texto. Claro que eso implica que la lógica interna de la narración, por disparatada que sea, sea coherente a través de todo el texto, de lo contrario, ese contrato se rompe automáticamente; pero ese es un tema que desarrollaremos ampliamente en próximos apartados. El lector se sumerge en la historia "creyéndole" al autor, aunque paradójicamente eso sólo puede ocurrir cuando el lector sabe de antemano que se trata de una ficción y que todo es (o debe ser tomado como) una invención del autor.

Partiendo siempre claramente de esa convención establecida tácitamente, la primera diferenciación que salta a la vista es que existe un escritor que cuenta la historia pergeñada en su imaginación y existen (en el texto) unos PERSONAJES sobre los que se cuentan cosas. El **AUTOR** y los **PERSONAJES** cumplen funciones absolutamente diferentes, y el escritor antes de empezar a escribir debe tener muy claro esa diferenciación. Que la literatura (la narración en este caso) sea un vehículo para que el escritor (el autor) exprese sus emociones, sus sentimientos o sus convicciones, no significa en ningún caso que la narración deba coincidir con las emociones, sentimientos o convicciones del autor: su objetivo es **crear esas emociones, sentimientos o convicciones, en el LECTOR**. Y los agentes a través de los que ese autor intenta obtener su objetivo, son los personajes que manipula para crear una historia determinada. Aunque la narración esté escrita en primera persona, aunque el autor sepa que es una transcripción real, lo más exacta posible que la literatura permita de una vivencia personal, aunque vuelque sus más íntimas experiencias en alguno de los personajes (por ejemplo, en el protagonista), en virtud de ese contrato inicial tácito que define al género, **el autor es una cosa y el personaje otra**, y en ningún caso pueden confundirse.

Sir Arthur Connan Doyle creó y escribió su muy famosa saga novelística de intriga, y para desarrollarla puso en escena, como un demiurgo, a una serie de personajes de los cuales los más permanentes y conocidos son el detective Sherlock Holmes y su fiel ayudante Watson. Ni Holmes, ni Watson, ni ninguno de los policías, asesinos o figurantes que aparecen en cada una de las novelas del señor Connan Doyle, son el señor Arthur Connan Doyle. Y aunque la famosa frase de Flaubert ("Emma Bovary soy yo") mueva a una premeditada confusión, ni Madame Bovary es el escritor francés, ni Sherlock Holmes es su creador. Son sólo **personajes**, marionetas que el autor manipula para conducir al lector hacia su objetivo de hacerle creer la ficción que le está contando. Aunque muchos autores hagan hablar a sus protagonistas en primera persona, resulta bastante claro que ningún personaje (aún el protagonista) es la misma cosa que el autor. (Que sepamos, Ernesto Sábato jamás mató a María Iribarne). Hasta aquí, creo que casi todo el mundo lo puede ver claro. Es más, siguiendo el caso de las novelas de Connan Doyle: el que narra la historia en ellas no es una voz anónima, impersonal, que cuenta lo que le ocurre a los personajes como si estuviera asistiendo a una función de teatro; ni siquiera es el protagonista, Sherlock Holmes, en primera persona y con su propia voz. **Quien cuenta es otro personaje**, en este caso Watson, el ayudante.

Y este ejemplo nos ofrece la muestra más perfecta de otra diferenciación que debemos tener clara, aunque en este caso no parece ser tan obvia como la anterior, o al menos no suele serla al principio para muchos de los aprendices del género narrativo. Toda historia, evidentemente, está contada por **alguien**. Pero ese alguien está **dentro el texto**. Ese alguien **tampoco es el autor**, sino que no es más que un personaje más, que a veces protagoniza −con centralidad o como figurante- la propia historia, y otras veces permanece fuera de ella (de la historia) pero **siempre dentro de la narración**. Ese alguien es el **NARRADOR**, y forma también parte de la ficción creada por el autor, quien inventa una voz que cuenta la historia. El autor (el escritor) es quien escribe, crea los personajes y la historia, pergeña la trama narrativa y utiliza con habilidad (o sin ella) sus técnicas y sus estrategias. Pero **el autor está siempre fuera del texto.** El narrador es quien, **desde dentro del texto mismo**, cuenta la historia y supone la mirada desde la que la historia es vista e interpretada.

Es importantísimo (fundamentalmente para el escritor) no confundir ambas figuras: AUTOR y NARRADOR. **El narrador es una creación del autor**, figura que debe mantener en todo momento la coherencia y la lógica elegida por el autor para contar la historia. Aun cuando el autor juegue a hacer trucos de prestidigitador para confundir al lector y para (generalmente) reforzar la **verosimilitud** que, como veremos en su momento, es la clave de la estructura narrativa. De hecho, Cervantes nos cuenta que el *Quijote* no es suyo, sino un manuscrito hallado por él y firmado por un ignoto Sidi Berengeli. Mejor dicho: **el narrador del Quijote** (que no es Cervantes, que es el autor pero no aparece nunca como Cervantes en el texto) nos quiere hacer creer que el libro fue escrito (originalmente) por un tal Sidi Berengeli.

La literatura contemporánea ofrece innumerables ejemplos de cómo el escritor juega permanentemente con este truco de espejos para poner en aprietos al lector, pero también para hacer explícito el hecho que estamos poniendo sobre la mesa: que el autor y el narrador son otra cosa. *Los desnudos y los muertos*, del escritor (y periodista) norteamericano Norman Mailer, puso en la década de los setenta uno de los mejores ejemplos de este juego de velar/develar: el narrador es un periodista llamado Norman Mailer, que cuenta los sucesos acaecidos alrededor de una marcha frente al Congreso de los Estados Unidos contra la guerra de Vietnam. El libro cuenta sucesos que – a excepción de los aspectos personales que le ocurrieron al escritor en su transcurso - pueden ser perfectamente contrastados en cualquier hemeroteca. No se trata sin embargo de una **crónica periodística**: se trata de una **novela**, donde el autor pone en acción literaria precisamente este complejo entramado de roles entre lo textual y lo real – tanto lo histórico como el propio acto de escribir la novela.

Finalizamos entonces esta sección tratando de fijar y comprender el elemento que quizás sea el más determinante para la estructura de la narración: además por supuesto del **LECTOR**, hay tres agentes básicos del acto comunicativo que supone una narración literaria: el

AUTOR, el **NARRADOR** y los **PERSONAJES**. Al lector podemos embaucarlo, hacerlo entrar en el juego, confundirlo y tenderle trampas; pero **el escritor nunca puede ni debe confundir estas diferentes figuras.**

Características del género Cuento. Unidad de acción. Principio, medio y fin.

Finalizábamos la sesión anterior entrando ya de lleno en el tema que nos ocupa, que es el del género narrativo y dentro de la narrativa, específicamente el **Cuento** o **Relato Corto**.

Adelantábamos alguna definición, siempre recordando que en materia de arte y literatura, hay una infinidad de criterios y no existen, en casi ningún caso, definiciones unánimemente aceptadas por todas las corrientes y estudiosos del tema. Así que, como vamos a evitar meternos en debates academicistas porque nuestro objetivo es mejorar nuestra escritura narrativa y no aprobar una tesis universitaria, simplemente mencionaremos lo más interesante de esas caracterizaciones. Por ejemplo, disentir de aquella que señala la diferencia entre la novela y el cuento por su extensión: un cuento sería aquello que se puede leer de una sola vez y una novela una historia o conjunto de historias más largas. Hemos dicho que según nuestro criterio, lo que diferencia ambos géneros narrativos es la **unidad temática**: la novela desarrolla o puede desarrollar una o varias historias, ramificarse, intercalar reflexiones, digresiones, y abarcar un número indeterminado de temas y asuntos; el cuento, por el contrario se caracteriza por mantener durante todo su desarrollo una **unidad de acción** (aunque veremos que esto a veces puede no ser tan estricto,) pero sobre todo una **unidad temática**.

Por ello recordábamos, y volvemos a hacerlo porque es un elemento que debemos comprender esencialmente, que en cualquier texto narrativo literario hay que diferenciar entre el **asunto** y el **tema**.

Hablamos del **asunto** refiriéndonos a aquello que ocurre en el relato: la anécdota, los personajes intervinientes, la trama, etc. Esto es: todos los "ingredientes" que la literatura pone a nuestra disposición para contar una historia. Pero todo el asunto, todos sus desarrollos, en el género cuento están regidos por algo que subyace a la historia misma: es algo hacia lo que el escritor quiere llamar la atención del lector, un **tema** cuya exposición es el verdadero objetivo del relato, y cuya comprensión (aunque sea sólo a nivel de sugerencia, incluso de sugerencia abierta) es la meta para llegar a la cual el escritor se vale del asunto. Por ejemplo, en "La autopista del Sur", Julio Cortázar cuenta un gran atasco que se produce en una carretera francesa camino de París, y la trama teje una serie de historias que se van conformando, entrelazando e interrumpiéndose entre un grupo numeroso de automovilistas que han quedado atrapados durante días en el fatídico embotellamiento. La historia del suceso, las diversas anécdotas que ocurren a los personajes, son en sí misma un relato interesante y con entidad propia; pero en realidad, cuando llegamos al final del relato comprendemos que el verdadero tema que Cortázar nos quiere presentar es la constatación de que la vida de las personas en la sociedad moderna es una historia de azarosos encuentros y desencuentros, descubrimientos y despedidas. El tema está implícito en el asunto; pero no es el asunto, la anécdota en sí, lo que rige la estructura del relato, sino que es simplemente una flecha que apunta a un blanco que es más abarcador que la flecha misma.

Y ese dato es clave para determinar la característica del género cuentístico: porque todas las piezas que componen el asunto, la historia que se cuenta, deben estar regidos por la intención de hacer aparecer (o sugerir) el tema del relato. En un buen relato, lo que importa de la historia es solamente lo que sirve para conducir al lector hacia el descubrimiento del tema: nada debe haber (nada debería haber) en el asunto que nos aparte de ese objetivo.

En un cuento –por ejemplo- no importa que nos detengamos en la caracterización psicológica de un personaje, o en la rigurosa descripción de un paisaje o un ambiente, si esa caracterización o esa descripción no tienen un sentido preciso, no son un engranaje que apunta al desarrollo del tema del cuento. Por el contrario, si esa caracterización o esa descripción distraen al lector, están funcionando como un escollo, como una piedra en el camino que impide producir limpiamente el efecto deseado; no lo piensen dos veces: SOBRA. Esa es la diferencia –y no cuestiones como la extensión- entre un relato (o cuento) y una novela.

Por eso, insistimos en que un punto de partida importante es comprender que el cuento requiere unidad de acción (que no siempre quiere decir, como iremos viendo en el desarrollo de estas sesiones, que se cuente una sola historia), pero esencialmente requiere **unidad temática**, o sea que tenga un **tema central** cuya "puesta en escena" (la historia misma) sea un instrumento para su aparición (normalmente, apenas sugerida).

Verosímil no es lo mismo que Verdadero

Mencionaba un poco más arriba otro elemento fundamental que debemos tener en cuenta en el ejercicio de la narrativa en general, y del Relato Corto o Cuento en particular: la cuestión de la **Verosimilitud**.

Antes que nada: **no confundir Verosimilitud con Verdad**. Aunque hablar de la Verdad, desde luego conlleva tal cantidad de interrogantes filosóficos que mejor ni mencionarla, no nos queda más remedio que entrar en el asunto. Diremos que por **VERDADERO** entendemos, habitualmente, una afirmación que tiene correlato con la realidad (otro concepto que se las trae, pero en fin...), o sea: algo que decimos de algo o sobre algo, y que puede ser contrastado positivamente con un objeto o hecho del mundo real.

Si le exigiésemos a la Literatura un criterio de Verdad, evidentemente nos cargaríamos toda la Literatura Universal del tirón, aún incluida aquella que se titula a sí misma Realista. En efecto, la Literatura jamás podría reproducir la Realidad en todos sus infinitos detalles y dimensiones, por lo que la vieja ambición aristotélica de considerar a la literatura como "mímesis" es puramente una falacia. La realidad es "incontable", en el sentido de que siempre habrá un elemento más, un pliegue más de los sucesos, acciones o escenarios que se narran. Por lo tanto, no podemos representar la realidad con todos sus componentes. Representarla, inevitablemente supone elegir algunos datos (los más relevantes) de la acción o situación a narrar, y descartar otros. **Efectuar ese recorte es la Literatura, y de lo acertado o no de la elección de ese recorte, depende esencialmente el éxito o fracaso de un texto.**

34

VEROSÍMIL, en cambio, es una afirmación acerca de la cual podemos creer – o creemos - que puede ocurrir o suceder. La Verosimilitud es la clave del efecto narrativo. Pero si lo Verosímil es algo en lo que podemos creer, ¿cómo es que tantos cuentos y novelas que forman parte de la Literatura cuentan historias que no tienen ningún asidero con la realidad que conocemos? ¿Cómo podríamos creer en Gulliver y sus enanos, o en los lejanos mundos de Ray Bradbury? ¿Y en las peripecias de aquel singular personaje de Ítalo Calvino, *El Barón rampante*, que desde la niñez hasta el momento de su muerte nunca se bajó de los árboles?

Ante todo, vale la pena recordar aquello en que insistimos tanto en la primera sección de este manual: la Literatura es un **"contrato"** mutuo entre el escritor y el lector, mediante el cual el lector se atiene a una "suspensión momentánea de la incredulidad" (la frase es de Borges) mientras se encuentra inmerso en el texto narrativo. El lector, sin embargo, no acepta creer cualquier cosa simplemente porque el escritor se la cuente: el texto debe seguir unas reglas para que ese "contrato" se haga efectivo. Y esa regla de oro es la de la **lógica**. En la realidad, tengamos de ese concepto la idea que tengamos, los objetos y los hechos se relacionan entre sí a través de relaciones lógicas. Un lector "aceptará" creer en un mundo que le hemos creado para él, por muy extraño y absurdo que ese mundo parezca, sólo si a su vez los elementos de ese mundo (que se expresan en el relato) están relacionados también mediante relaciones lógicas. Claro que esas relaciones no tienen por qué ser las de la realidad cotidiana que conocemos. Inventar un mundo de ficción requiere inventar una lógica para ese mundo –aún la de un mundo sin lógica- y los objetos y hechos que ocurran en él deben seguirla para poder crear una Sensación de Verdad. En la narración, la lógica que genera y produce la Verosimilitud, es decir la sensación que hace que el lector PUEDA CREER que esa historia pudiese ser real al menos en alguno de los infinitos mundos posibles, es una LÓGICA INTERNA DEL TEXTO.

La **Verosimilitud** es la llave de la creación literaria. Pero el hecho de que la Verosimilitud exija respetar una lógica interna de cada texto, no significa desde luego que ese texto deba explicitar rigurosamente su significado cerrando la puerta a la participación del propio lector. Por el contrario, la literatura requiere una complicidad en la que el lector se vea obligado a "completar" las significaciones del texto. La mejor literatura sugiere mucho más que da hecho. Y como al menos desde Frege sabemos muy bien que concepto y sentido no son la misma cosa, es preciso que reconozcamos que un texto literario, por explícito que sea en su pretensión de fijar significados, nunca podrá amputar las posibles resignificaciones que el lector produce en relación con su contexto y circunstancias de lectura. Como una vez más conjetura genialmente Borges, el *Quijote* de Cervantes, escrito en el siglo XVII, no dice lo mismo que el de Pierre Menard, escrito con las mismas palabras pero en el siglo XX.

Es más: los escritores han descubierto que todo buen texto literario EXIGE la posibilidad de diferentes lecturas. Aunque no se trata de que el autor se proponga que su cuento tenga dos, o diez, o mil lecturas diferentes: nadie podría ser capaz de definir y limitar las posibles lecturas de un texto ni decidir cuál de ellas es Verdadera y cuál Falsa. El sentido de un texto literario es, en definitiva, como dice Nicolás Rosa, INDECIDIBLE.

El punto de vista en la estructura narrativa. Las personas del verbo. Tipos de Narrador.

En las anteriores secciones de este manual, establecimos una distinción que todo escritor debe tener clarísima en el momento en que se plantea la posibilidad de iniciar un texto narrativo. **El autor y el narrador no son lo mismo**. El **autor** (el escritor), decíamos, es la persona física que escribe una obra literaria, que la imagina, que planea todos los hilos de la trama; es alguien que está **fuera del texto** y produce ese texto. El **narrador**, en cambio, es una persona imaginaria que cuenta la historia desde el texto mismo, y de acuerdo a su ubicación en relación a la historia que cuenta, supondrá los recortes de la ficción narrada que se presenten al lector y que orienten su tránsito a través del texto. El narrador está **dentro del texto**, ficticiamente produce la historia, pero es a su vez producido por el autor.

El narrador, por tanto, funciona en el texto, respecto a la historia que se cuenta, como una **mirada**. Puede o no participar directamente de la acción narrada, pero al margen de ello su función esencial es la de dirigir la mirada del lector en relación a los sucesos que se narran. El lector sólo sabrá de la historia lo que el narrador le cuente (aunque naturalmente, pueda imaginar muchas más cosas provocadas por la sugerencia que el narrador despliega a lo largo de esa narración). El narrador es, principalmente, el **punto de vista** desde donde el lector accede a la historia que se cuenta.

Es fácil darse cuenta de hasta dónde el **punto de vista** del narrador (esto es: la ubicación de la mirada desde la cual la historia es narrada) determina el curso de la narración. El narrador puede contar la historia como un dios que todo lo ve y todo lo sabe, incluso lo que pasa por la mente de los personajes, e incluso de varios personajes al mismo tiempo; puede contarla desde su más absoluta subjetividad, incluso desde el mero fluir de su mente; puede contarla desde la mirada de alguno de los personajes y de las observaciones y reflexiones limitadas que ese personaje puede tener sobre la historia que está protagonizando. La misma historia, contada desde cada uno de estos diferentes puntos de vista, se encarnará lógicamente en un texto diferente.

El Punto de vista

El **Punto de vista** es la clave de la estrategia narrativa del relato. La elección de un punto de vista u otro debe ser completamente funcional a los efectos que el autor se propone producir sobre el lector. La eficacia de ese relato depende en muy importante medida de la elección adecuada. A través de la utilización del punto de vista del narrador, guiamos al lector por el camino que conviene a nuestros propósitos.

El **punto de vista** está directamente relacionado con la **persona verbal** desde la cual se narra la historia, es decir, con la persona verbal que utiliza el narrador de nuestro cuento. De esta comprobación sacamos como primera conclusión que existen, por tanto, tres puntos de vista básicos para colocar al narrador: la **primera persona**, la **tercera persona** (que suele ser la más frecuente, sobre todo en la literatura clásica), e incluso la **segunda persona** (aunque este uso es muy poco usual, como veremos). Pero cada una de estas personas verbales puede adoptar también diferentes puntos de vista. Veámoslos en primer lugar en una rápida descripción.

El punto de vista clásico por excelencia es el llamado **Narrador Omnisciente** (omnisciente significa algo así como "que todo lo ve"). El narrador se vale en este caso de la tercera persona (**él, ellos**), ubicándose presuntamente fuera de la historia (pero no fuera del texto, atención con eso), sitio desde donde mira la historia y la narra. Como si fuera un dios, este narrador tiene la potestad de narrar sin ningún tipo de limitaciones (más que las que el propio autor elija para dar efectividad a su texto, claro). Puede contar, primero que nada, toda la acción del cuento sin que nada esté oculto a su mirada, aunque los hechos ocurran en diferentes sitios o en diferentes tiempos. Puede saltar de una localización espacio-temporal a otra. Puede entrar en la mente de cada uno de los personajes y saber (y contar) lo que cada uno de ellos piensa (u oculta) en cada momento de la narración. Puede, incluso, intervenir "personalmente" en el texto haciendo observaciones, insertando opiniones propias, emitiendo juicios de valor, orientando al lector explícitamente acerca de la dirección que desea imprimir a su relato. El Narrador Omnisciente, por supuesto, **no participa en la historia** (pero sí del texto: su presencia es la voz que cuenta). Si fuera partícipe, resultaría poco verosímil que pudiese, por ejemplo, contar al lector lo que piensa otro personaje. O saber al mismo tiempo que está inmerso en algún suceso, lo que ocurre con otro suceso simultáneo que ocurre en otra parte. Lo mismo ocurriría, se ve inmediatamente, si el Narrador Omnisciente contara en primera persona.

Este narrador en tercera persona, que no participa de la historia que narra, puede no obstante adoptar otros puntos de vista que no sean tan poderosos como el que acabamos de describir. Por ejemplo, sin dejar de narrar en tercera persona ni dejar de estar fuera de la historia, puede elegir ver todo lo que se produce objetivamente, los hechos o las conductas, pero no poder penetrar en la mente de los personajes. O, aunque penetre en esas mentes como un adivino, puede elegir no intervenir con datos, juicios u observaciones personales que no estén escenificadas en la historia misma. O incluso, puede narrar en tercera persona desde fuera de la historia misma, pero limitándose sólo a reproducir lo que (ficcionalmente) ve, sin más "poderes" que cualquier otro testigo de los hechos. Este último tipo de narrador, por ejemplo, es muy frecuente en la narrativa contemporánea, y en gran medida toma auge como producto de la aparición del cine, que cuenta la historia desde fuera pero mostrando sólo lo que la cámara es capaz de testimoniar. Por ello se lo suele denominar como "narrador cinematográfico". Aunque en general, todas estas modalidades narrativas se agrupan bajo el rótulo de **Narrador Cuasi Omnisciente** (o sea: podría ver de todo, pero en realidad opta por narrar sólo ciertos elementos, un recorte de la totalidad).

La elección de cualquiera de esos puntos de vista del narrador, la realiza -como en todos los casos- el autor de acuerdo a la necesidad de su relato, a su intencionalidad.

En el caso del punto de vista omnisciente, el narrador siempre está fuera de la historia. Pero hay muchas historias en las que el narrador es uno de los **Personajes**. Si la historia se cuenta desde la mirada de alguien que interviene en la ficción, el tiempo verbal utilizado es la **primera persona** (**yo**, y muy eventualmente **nosotros** como ya veremos en su momento). También este punto de vista presenta diversas variantes. Básicamente el **Narrador** puede ser el **Protagonista** de la historia (partiendo del significado habitual de "protagonista" como el "personaje más importante"). Es el caso más habitual de la narración en primera persona: el narrador cuenta su propia historia, normalmente incluyendo también (aunque esto, como en el caso del omnisciente, tiene los límites que el autor decide en función de las necesidades del relato) toda su subjetividad expresada en opiniones, juicios o valoraciones. Pero también el narrador, aunque participe de la historia que está contando, lo puede hacer desde un lugar secundario, ya sea desde un personaje no protagónico pero sí destacado (por ej. cuando narra Watson, el ayudante de Sherlock Holmes), hasta algún personaje marginal cuya participación en los sucesos es menor o ínfima (caso especialmente significativo, el disminuido mental que cuenta la historia en *El ruido y la furia* de Faulkner).

En estos casos, se le otorga habitualmente la categoría de **Narrador Testigo**. Este recurso suele ser muy útil cuando el autor pretende evitar que el lector se entere de lo que pasa por la mente del protagonista (sería poco verosímil que a un narrador protagonista nunca se le "escapara" un pensamiento subjetivo). Dentro de la caracterización del Narrador Protagonista cabe el **monólogo**, en el que la subjetividad de la mirada del narrador es aún más acentuada; y en un grado más radical –

utilizado a partir de ciertos autores del siglo XX- el recurso al llamado **"fluir de la conciencia"**, donde el texto intenta reproducir el discurso interior de la mente, libre de reglas gramaticales y plagado de asociaciones libres (por ej. el monólogo interior de Molly Bloom en el *Ulises* de Joyce).

Los narradores en primera o tercera persona ocupan sin duda ampliamente la centralidad del espacio literario a lo largo de la historia. Pero sin embargo es también posible narrar desde la **segunda persona** (**tú**, y muy eventualmente **vosotros/ustedes**). En este caso, el narrador cuenta la historia (ya sea desde fuera o desde dentro) a través de un texto que se dirige o interpela a un o unos protagonistas, que son los que llevan el peso de la acción. Aunque es un punto de vista muy inhabitual, puede encontrarse un ejemplo clásico de su aplicación en la literatura epistolar. Contemporáneamente, existen muchos ejemplos de narración en segunda persona, casi siempre acentuadamente experimentales. Un ejemplo tópico es *La modificación*, de Michel Butor, ejemplo prototípico de la "nouvelle roman" francesa de los 60/70.

La elección del punto de vista es una elección vital para la efectividad ficcional, y por ello vamos a prestarle especialísima atención a lo largo de este manual.

Narrar en Tercera Persona

Entre los varios edificios públicos de cierta ciudad, que por muchas razones será prudente que me abstenga de citar, y a las que no he de asignar ningún nombre ficticio, existe uno común, de antiguo, a la mayoría de las ciudades, grandes o pequeñas; a saber: el orfanato. En él nació –en día y año que no he de molestarme en repetir, pues que no ha de tener importancia para el lector, al menos en este punto del relato- el ser mortal cuyo nombre va antepuesto al título de este capítulo.

Así comienza el primer capítulo de *Oliver Twist*, una de las novelas más conocidas del inglés de mitad del siglo XIX **Charles Dickens**. Aquí podemos ver los rasgos más característicos del llamado **Narrador Omnisciente**. Para empezar, el Narrador se ubica fuera de la historia, es alguien que está contándolo todo sin participar de lo que cuenta, e incluso se ocupa abiertamente de señalar que se está dirigiendo a un lector externo para quien la historia está destinada. No solamente hace una referencia directa al mismo ("no ha de tener importancia para el lector"). También se encarga de dejar claro que él está escribiendo un libro, un texto, lo que queda perfectamente aclarado cuando señala que el nombre del personaje mencionado en el párrafo inicial es el que figura en "el título de este capítulo".

Es el ejemplo más clásico. Este Narrador utiliza la **Tercera Persona** (e incluso con predominio casi absoluto del Pretérito Indefinido como tiempo verbal). La Tercera Persona (él, ella, ellos) permite una observación desde la distancia, siempre eminentemente referencial. Desde su Punto de Vista privilegiado, este Narrador conoce absolutamente todos los entretelones de la historia y puede contarlos sin que nada se escape a su mirada.

Puede ver y describir la totalidad de las acciones más allá de la visión de los personajes (*"por detrás del sillón en donde estaba sentado Juan, Pedro se acercaba sigilosamente con un cuchillo"*).

Puede entrar en los pensamientos de Juan *("Juan pensó que se hacía tarde")* pero también, al mismo tiempo, en los de Pedro (*"y sin embargo, para Pedro todavía había tiempo suficiente"*).

Puede saber lo que pasa en dos sitios distantes, incluso al mismo tiempo. (*"Mientras esto ocurría en la casa de Juan, Pedro galopaba con su caballo hacia el castillo"*).

Puede juzgar -y de hecho lo hace- qué es lo que conviene o no contar al lector, en función de la eficacia de su relato (ver el propio ejemplo en Dickens: "pues que no ha de tener importancia para el lector"). Este recurso es esencial, ya que justamente la elección de qué elementos de la historia cuenta o no, es lo que determina la narración en sí misma. Ya hemos dicho que la realidad es inagotable, es imposible de reproducir, sólo se puede contar, y contar significa siempre la elección de una parte de esa realidad (ficticia, claro) para testimoniarla al lector. Pero en el caso del Narrador Omnisciente, es necesario tener en claro que – al menos teóricamente - el narrador CONOCE TODO, aunque por supuesto no pueda CONTARLO TODO.

Puede opinar, interrumpir el decurso de la narración para intercalar sus propias observaciones (*"personas como Juan hacen que el mundo funcione tan mal"*). O si quiere – aunque desde luego pocas veces resulta recomendable - incluso explicar con todo tipo de elementos extraliterarios algún aspecto o elemento de su narración *"lo que le pasaba a Pedro en aquella circunstancia, puede comprenderse mejor si uno ha leído 'El mundo como voluntad y representación' de Schopenauer, quien afirma que, etc"*).

En suma, y como se ha comparado tantas veces en los manuales de literatura, el **Narrador Omnisciente** es como Dios, que **todo lo sabe y todo lo ve**. Es fácil constatar las ventajas que tiene la utilización de este punto de vista: la mirada del narrador se abre sobre un panóptico inagotable del cual sólo tiene que elegir qué cosas contar y qué cosas no, siempre en función – como ya sabemos - de la dirección que quiera darle a su relato, y de los efectos que quiera producir con el desarrollo de esa historia en el ánimo o en la mente del lector. Toda la literatura clásica, con singulares excepciones (pienso por ejemplo en *Tristan Shandy*) está basada en la utilización de este **Punto de Vista**. Pero en la literatura actual, esta manera de contar ha dejado de interesar al lector instruido, aunque por supuesto es la que sigue utilizándose casi sin excepción en la "fabricación" de novelas y relatos para consumo popular, que impone la exigencia de historias más o menos lineales, sin complicaciones estructurales, y que puedan ser fácil y sobre todo rápidamente consumidas por un público no habituado a la lectura más que como entretenimiento.

Comparemos el párrafo de Dickens que reproducimos más arriba con éste, sacado de la novela *El cielo protector*, de **Paul Bowles**, autor norteamericano de la segunda mitad del siglo XX:

"Port se levantó y avanzó tropezando ruidosamente con el revoltijo de objetos que estorbaban la salida. Marmhia lanzó un grito breve. Las voces en la otra carpa se volvieron audibles. Siempre con la billetera en la mano, Port saltó huyendo, dobló bruscamente hacia la izquierda y echó a correr hacia la muralla. Cayó dos veces, una al tropezar con una roca y la otra porque el terreno se inclinaba inesperadamente. La segunda vez, al levantarse, vio venir a un hombre decidido a no dejarle alcanzar la escalera. Cojeaba, pero estaba por

llegar. Llegó. Mientras subía las escaleras le parecía que alguien que lo seguía de cerca le atraparía una pierna en el próximo segundo."

También en este caso el Narrador utiliza la **Tercera Persona**: cuenta algo sobre las acciones de otros que son ajenos a sí mismo. Pero sin embargo, su Punto de Vista no es omnisciente, no es todopoderoso. Este Narrador no puede ver la totalidad a pesar de narrar desde fuera de la historia misma. Si leemos detenidamente el párrafo, notaremos enseguida que este Narrador sólo percibe el recorte de la realidad que corresponde a la percepción del propio personaje. No dice *"Mientras subía las escaleras le parecía que alguien que lo seguía de cerca le atraparía una pierna en el próximo segundo. Y el que lo seguía pensaba que con un esfuerzo más le daría alcance ya"*. Pero atención, el Narrador NO ES el personaje. No es Port quien cuenta la historia, sigue siendo alguien externo, una mirada que no pertenece a ninguno de los personajes. Con la diferencia de que ese Narrador ELIGE limitar su Punto de Vista, en este caso tanto que sólo le permite describir las cosas a través de la vivencia y las sensaciones de uno de los protagonistas. Sin embargo, en otros tramos de la novela, el Narrador seguirá a otros personajes (Kit, por ejemplo, la protagonista femenina) y se colocará en su propio punto de vista. Por lo tanto, este narrador puede, en cierta forma, también abarcarlo todo, pero se autolimita limitando así – voluntaria e intencionadamente, claro - la mirada del lector. Ya no es un Dios que lo sabe todo, con una mirada omnisciente que puede contar sin límites, intervenir con sus observaciones propias en el relato, etc. El Narrador sigue contando la historia desde fuera de la historia misma, pero elige poner su mirada sólo sobre una parte de la misma.

Este recurso, de más está decirlo, es siempre funcional a las necesidades del relato, y es una elección estratégica del autor. Veamos por ejemplo el caso de *La noche boca arriba* de **Julio Cortázar**.

"A mitad del largo zaguán del hotel pensó que debía ser tarde, y se apuró a salir a la calle y sacar la motocicleta del rincón donde el portero de al lado le permitía guardarla". El Narrador cuenta en Tercera Persona, pero utiliza el Punto de Vista limitado que sólo le permite narrar lo que el personaje –un motorista- percibe. Pero hay otro personaje en el mismo relato (las historias se van intercalando), un indígena a punto de ser sacrificado por una tribu enemiga: *"Las luces se reflejaban en los torsos sudados, en el pelo negro de plumas. Cedieron las sogas, y en su lugar lo aferraron manos calientes, duras como bronce; se sintió alzado, boca arriba, tironeado por los cuatro acólitos que lo llevaban por el pasadizo"*. El Narrador usa el mismo Punto de Vista: en Tercera Persona (cuenta desde fuera de la historia), pero limitado a las percepciones del personaje. El desenlace del cuento sólo es literariamente (narrativamente) posible porque el autor ha elegido este punto de vista limitado (pero exterior a la historia). Como veremos, si hubiera elegido un narrador omnisciente la narración no habría tenido éxito; pero TAMPOCO si hubiera elegido el punto de vista de un Narrador protagonista en Primera Persona. La elección del Punto de Vista, como venimos diciendo desde el primer momento, es la elección más importante en una narración.

Entre el Narrador Omnisciente de Dickens y el Narrador extremadamente limitado de Bowles, existe una significativa variedad de gradaciones (siempre en el marco de un Narrador que cuenta la historia desde fuera de la historia misma). La más utilizada, sobre todo a partir del siglo XX, suele ser la variante de un Narrador cuya mirada puede abarcar un amplio panóptico pero no interviene personalmente con acotaciones ni voz propia en el relato. Pero como es fácil advertir, la gama es amplia y la elección queda circunscripta sólo a la habilidad del autor para elegir la técnica adecuada.

Pero hay muchas otras miradas desde donde narrar una historia. De ello hablaremos a continuación.

Narradores en Primera Persona:

Narrador Protagonista

"Bastará decir que soy Juan Pablo Castel, el pintor que mató a María Iribarne; supongo que el proceso está en el recuerdo de todos y que no se necesitan mayores explicaciones sobre mi persona". Así comienza la primera novela existencialista de la literatura latinoamericana, publicada en 1948, *El túnel*, de **Ernesto Sábato**. Sábato utiliza aquí, de manera magistral, uno de los puntos de vista más clásicos de la narrativa: la primera persona que ocupa la escena central del relato; esto es, lo que se ha dado en llamar el **Narrador Protagonista**.

En relación con el Narrador en tercera persona que analizamos en la sesión anterior, es evidente que este otro punto de vista presenta numerosas desventajas. Como el Narrador cuenta la historia desde la mirada del protagonista principal, no le es posible describir otros aspectos de la trama que no sean los que el propio protagonista es capaz de percibir. Por ejemplo, no sabe lo que ocurre en otro lugar más que el que está dentro del relato (al menos simultáneamente: claro que la utilización de recursos como el "flash back" –retorno al pasado- o la memoria, permitirá que el lector, aun desde el límite que establece una mirada única, pueda acceder a otros momentos u otros escenarios). Tampoco puede conocer lo que está en el interior de la mente del resto de los personajes (a lo sumo, puede conjeturarlo, formarse una impresión u opinión sobre ello, pero nunca "leerlo").

Pero el uso de la primera persona abre, a su vez, otras posibilidades ventajosas. La primera es, obviamente, que establece una mayor intimidad, diríamos una búsqueda de identificación con el lector, un recurso que desde luego funciona muy bien porque uno de los recursos para "enganchar" al lector suele ser precisamente el de hacerlo sentir en la piel del protagonista. Todos aquellos aspectos que tengan que ver con la vida interior del personaje tendrán una mayor credibilidad y se podrán expresar a través de discursos mucho más cercanos al propio pensamiento y sentimiento. Un aspecto que, desde luego, debemos tomar con muchísimo cuidado para que no termine actuando contraproducentemente: si un personaje narrado en primera persona no presenta un comportamiento coherente con la propia lógica de su personalidad, o incluso si en la búsqueda de cercanía con el lector se incurre en un discurso que resulte poco creíble que se haga para sí mismo, el ridículo puede ser estrepitoso.

Pero además de la natural ventaja de intimidad que ofrece la primera persona, son otros los aspectos que actúan para que un escritor elija utilizar ese punto de vista. Y es que, en la estrategia narrativa, es posible (en realidad ocurre casi siempre) que sea necesario que el lector no se entere de determinadas cuestiones hasta que al autor no le parezca que es el momento adecuado de que lo sepa. No olvidemos que, como hemos insistido ya varias veces, una narración literaria no cuenta los hechos ateniéndose simplemente a su realidad –de hecho, son siempre una ficción por convención-, sino fundamentalmente ateniéndose a la intencionalidad del escritor, que organiza la estructura de esa narración como le conviene para producir unos determinados efectos en el lector. Por lo tanto, el hecho de que el lector sólo pueda ver las cosas desde la mirada del protagonista, hace que sea absolutamente natural que ignore todo aquello que ignora el propio protagonista, y esa puede ser una de las claves para la estrategia narrativa utilizada. Y siempre resultará más creíble que un individuo no vea ciertas cosas que están fuera de su alcance, que el hecho de que no lo haga un narrador que –se supone- tiene la capacidad para ello porque está fuera de la historia.

Observemos, por ejemplo, cuál es la estrategia narrativa de Sábato, visible (a un observador crítico, o sea, conocedor de la técnica) en el primer párrafo de la novela. El narrador –que es el protagonista, el pintor Juan Pablo Castel- se presenta a sí mismo dando por sentado que el lector ya sabe el final de la historia (que él ha matado a María Iribarne). Empezamos conociendo el desenlace de la anécdota, pero desde luego poco importa ese desenlace si no sabemos por qué y cómo se llega a él. Y como no estamos dentro de la novela, en realidad no sabemos lo que se supone que ya sabemos (porque el narrador en primera persona comienza a contar dando por sentado que ya conocemos su historia al menos en el plano superficial). Como consecuencia, el impulso es inmediato: aunque sea sólo por curiosidad, necesitamos que ese narrador nos cuente todo lo que se supone que sabemos, pero no sabemos. El autor, a través del narrador, nos ha hecho picar el anzuelo y no vamos a dejar el libro (a menos que sea muy malo, claro) hasta el punto final.

Tal como dijimos, el **Narrador Protagonista** en primera persona es también (junto al **Narrador Omnisciente** en tercera) uno de los más habituales y clásicos de la literatura. Veamos otro comienzo, el de esta novela que es un auténtico clásico de todos los tiempos, *Moby Dick*, de **Herman Melville**. *"Llamadme Ismael. Hace unos años —no importa cuánto hace exactamente—, teniendo poco o ningún dinero en el bolsillo, y nada en particular que me interesara en tierra, pensé que me iría a navegar un poco por ahí, para ver la parte acuática del mundo. Es un modo que tengo de echar fuera la melancolía y arreglar la circulación".*

Una presentación aparentemente convencional. Sin embargo, nos llama la atención un hecho. El Narrador, en primera persona, no comienza su relato diciendo "Soy Ismael, etc" sino "Llamadme Ismael (*Call me Ishmael*)". De hecho, y enseguida comprenderemos por qué, otras traducciones prefieren "Podéis llamarme Ismael", o "Supongamos que me llamo Ismael". Casi sin darnos cuenta, aquí se nos está alertando de algo. Si el narrador nos está sugiriendo que podemos llamarlo de un determinado modo (supongamos que hubiese dicho, "llamadme Pepe…"), es porque de algún modo, deja entrever que no se llama así en realidad. ¿Por qué el Narrador, que es protagonista de la historia que va a contar, prefiere ocultar su nombre real? ¿Es que tiene algo que ocultar? ¿O tal vez nos está anticipando que aunque él actúe como **Narrador Protagonista**, en realidad no va a ser él el verdadero protagonista, el centro del relato, y por lo tanto poco importa cuál sea su verdadero nombre? Dado que, como todos sabemos, el verdadero protagonista de *Moby Dick* (aparte de la inefable Ballena Blanca) es el Capitán Ahab, puede que sea éste un guiño con el que el Narrador nos adelanta su paso al costado. O no, la verdad es que en la novela nunca queda claro, así que lo dejo a la conjetura de cada lector. Pero no hay duda de que ese "Llamadme Ismael..." de las dos primeras palabras de la novela ya nos dejan una señal perturbadora, que actúa para que de entrada se establezca en nosotros una inquietud, un motivo como para seguir leyendo. Este recurso, fácil es comprobarlo (propongo a los talleristas hacer la prueba) no hubiera funcionado si el Narrador hubiese estado en tercera persona.

Otro ejemplo de la utilidad de la primera persona en el punto de vista. Veamos este famoso cuento del gran creador y maestro del cuento moderno, el norteamericano **Edgar Alan Poe**, de mediados del siglo XIX: *El corazón delator*. Un hombre asesina a su vecino porque un ojo del viejo lo obsesiona, y entierra su cuerpo bajo el piso de la casa, pero tras ello empieza a obsesionarse con el sonido del corazón del muerto, hasta que totalmente paranoico se delata a sí mismo a la policía. Poe nos anticipa la locura irracional del protagonista, pero no necesita explicar o sugerir explícitamente que el hombre está loco: lo logra utilizando un Narrador en primera persona que se presenta de la siguiente manera:

"¡Es cierto! Siempre he sido nervioso, muy nervioso, terriblemente nervioso. ¿Pero por qué afirman ustedes que estoy loco? La enfermedad había agudizado mis sentidos, en vez de destruirlos o embotarlos. Y mi oído era el más agudo de todos. Oía todo lo que puede oírse en la tierra y en el cielo. Muchas cosas oí en el infierno. ¿Cómo puedo estar loco en-

tonces? Escuchen… y observen con cuánta cordura, con cuanta tranquilidad les cuento mi historia".

Como todos los Puntos de Vista, el narrador Protagonista también admite una casi infinita posibilidad de variantes y matices, algo que fácilmente podemos comprobar a lo largo de la historia de la literatura. Y sin duda, entre todos ellos uno de los más extremos es el discurso denominado "fluir de la conciencia" o "monólogo interior". Quienes utilizan este punto de vista, conjeturan (cosa que como todas estas cuestiones, es todo lo discutible que se quiera) que los seres humanos no pensamos con estructuras gramaticales como las que necesitamos para poder volcar ese pensamiento hacia fuera, máxime en el discurso escrito; sino que nuestro pensamiento es una corriente ininterrumpida y fluida de conceptos que se presentan de forma automática, y en general muy desorganizados. Para intentar ser lo más coherente posible con ese protagonista en primera persona y su forma real de pensar, el autor (por medio del narrador, claro) narra tratando de reproducir lo más fielmente posible ese fluir de la conciencia. Un ejemplo clásico (y además históricamente el primero) es el monólogo interior de **Molly Bloom**, la casquivana esposa del protagonista del *Ulyses* de **James Joyce**, escrito en el primer cuarto del siglo XX. Así comienza:

"Si porque él nunca había hecho tal cosa como pedir el desayuno en la cama con un par de huevos desde el hotel citi arms cuando solía hacer que estaba malo en voz de enfermo como un rey para hacerse el interesante con esa vieja bruja de la señora Riordan que él se imaginaba que la tenía en el bote y no nos dejó ni un ochavo todo en misas para ella sola y su alma grandísima tacaña como no se ha visto otra con miedo a sacar cuatro peniques para su alcohol metílico contándome todos los achaques tenía demasiado que desembuchar sobre

política y terremotos y el fin del mundo vamos a divertirnos primero"

(y así sigue ininterrumpidamente durante 60 páginas más, sin ningún signo de puntuación a lo largo de todo el capítulo).

Duro de roer, admitámoslo, pero una manera más –algo radical quizás- de crear un Punto de Vista adecuado para causar en el lector el efecto deseado (aunque este recurso, si el autor no es un auténtico campeón corre graves riesgos de producir precisamente los efectos más indeseados). Después de todo, la literatura, como todo el arte, es una búsqueda permanente para "conmover" al lector, no en el sentido de provocarle unos lagrimones sobre la página, sino el de "moverlo" del cómodo sillón de la lectura placentera y el mero pasatiempo que son la característica del arte de consumo. Aunque algunos – demasiados quizás- se conforman sólo con lograr lo primero.

El Narrador Testigo

El lugar del protagonista no es la única posibilidad que puede adoptar la mirada del Narrador que relata en Primera Persona, y por lo tanto, siempre dentro de la historia misma. Como siempre, la elección del Punto de Vista responde a una necesidad estratégica del relato: es el Autor quien adopta una u otra mirada, de acuerdo a las características de la historia que quiere contar y de los efectos que pretende causar al lector. Siempre dentro de la utilización de la primera persona gramatical (YO), existen otros Puntos de Vista posibles.

Uno de ellos, es el de un Narrador en primera persona que no interviene en la historia más que para presentarla. Es el caso típico de relatos en los que un narrador en primera persona se presenta a sí mismo para luego decir, por ejemplo, que en tales o cuales circunstancias encontró un manuscrito que contaba esto o lo otro, y es en realidad allí donde comienza la verdadera historia. Que a su vez, puede estar contada en primera persona (como si hubiese sido escrita por el autor del manuscrito), o directamente en tercera por un narrador neutral que cuenta a su vez lo que ha leído en el manuscrito.

Este es el comienzo de mi cuento "La última plaga bíblica", del libro *Ser feliz siempre es posible*.

"Todos, aunque fuera cuando niños, hemos soñado con encontrar un tesoro. Los resultados de tan universal fantasía difieren naturalmente de acuerdo a las ambiciones –y las obsesiones- de cada cual. Así, el arqueólogo Schliemann se encontró en el Asia Menor con la inesperada Troya; el suizo Lanari voló por los aires cuando intentaba desenterrar el dudoso oro de los cinco reyes moros en la cueva de Rincón de la Victoria; otros declinaron el brillo y la opulencia de zafiros y arcones persas a favor del brillo y la opulencia de una sólida casa y un coche de último modelo; y aún hay algunos a los que les basta con compartir los pasos insomnes del pirata Silver tras el frustrado Tesoro de la Isla de Stevenson.

Yo pertenecí -decidida y resignadamente- a la última de estas categorías, hasta que el puro azar me reveló aquel tesoro que, no por poco lucrativo, dejó de ser –al menos- lo que motiva que escriba estos apuntes (y que algo me empuje a escribir, después de tantos años de apatía y soledad improductiva, no deja de merecer el calificativo de tesoro)".

A partir de allí, el narrador explica que encontró un manuscrito en unas ruinas, y pasa a relatar la historia leída en el manuscrito. Se trata de un Narrador que introduce siempre otro texto ajeno, que es en el que se contiene el Asunto del relato, pero del que él no sólo no es protagonista, sino que en realidad ni siquiera interviene en la historia principal. Estructuralmente, este Punto de Vista utiliza el popular sistema de las muñecas rusas: el Narrador cuenta una historia (la de que encontró un manuscrito, un libro perdido o lo que sea) en donde a su vez se cuenta una segunda historia, que es la que realmente importa.

Pero el modo más habitual de utilizar la primera persona en el Punto de Vista, es el denominado **Narrador Testigo**. Que a su vez, como era de esperar, y siempre de acuerdo a las necesidades de la estrategia narrativa del autor, puede tener una gran variedad de matices. Por ejemplo, leamos este párrafo, que pertenece al primer capítulo de la novela cumbre del realismo, *Madame Bovary*, de **Gustave Flaubert**:

"Estábamos en la sala de estudio cuando entró el director.

Iba seguido de un "novato" con atuendo pueblerino y de un celador cargado con un gran pupitre. Los que dormitaban se despertaron, y todos se fueron poniendo de pie como si los hubieran sorprendido en su trabajo.

El director nos hizo seña de que volviéramos a sentarnos; luego, dirigiéndose al prefecto de estudios, le dijo a media voz:

-Señor Roger, aquí tiene un alumno que le recomiendo, entra en quinto. Si por su aplicación y su conducta lo merece, pasará a la clase de los mayores, como corresponde a su edad".

El Narrador está en primera persona del plural (ver el verbo: *estábamos*), y asiste a la presentación en su clase de un nuevo compañero al que se va luego describiendo para entrar en tema. Veremos con el transcurso del relato que el Narrador no ocupa ningún lugar significativo en la historia que se va a contar. De hecho, se está presentando a Carlos, futuro médico burgués y provinciano que se casa con Emma Bovary (la verdadera protagonista), quien luego -ya casada- se queda prendada en uso de sus fantasías románticas del apuesto Rodolfo, historia que como sabemos, termina en el suicidio en una de las más grandes novelas de la literatura. Pero para evitar comprometer al autor en la interioridad de ninguno de los personajes, Flaubert empieza a contar la historia desde un narrador que forma parte de ella marginalmente. El narrador forma parte de la historia, pero es apenas un mero Testigo de los hechos. Incluso más: después de la presentación en el capítulo inicial, el Narrador en primera del plural desaparece durante todo el resto de la novela, dejando su sitio a un Narrador en Tercera Persona.

Un Narrador Testigo, como es de suponer, puede tener muy diversos grados de participación en la historia. El narrador(a) de *San Manuel Bueno Mártir*, de **Miguel de Unamuno** por ejemplo, está siempre muy cerca del protagonista, y eso le permite describirlo e intentar comprenderlo con la misma perplejidad que lo haría el lector (si el Narrador fuese el protagonista, o sea el cura don Manuel, tendríamos que aceptar lo que él piense de sí mismo y el libro no tendría el efecto de incertidumbre existencial que produce):

"Ahora que el obispo de la diócesis de Renada, a la que pertenece esta mi querida aldea de Valverde de Lucerna, anda, a lo que se dice, promoviendo el proceso para la beatificación de nuestro Don Manuel, o, mejor, san Manuel Bueno, que fue en esta párroco, quiero dejar aquí consignado, a modo de

confesión y sólo Dios sabe, que no yo, con qué destino, todo lo que sé y recuerdo de aquel varón matriarcal que llenó toda la más entrañada vida de mi alma, que fue mi verdadero padre espiritual, el padre de mi espíritu, del mío, el de Ángela Carballino".

Otro ejemplo clásico es el de las principales novelas (no todas) de *Sherlock Holmes*, el deductivo detective creado por sir **Arthur Connan Doyle**: el narrador ni es externo a la historia ni es el propio Holmes, sino su fiel ayudante Watson. ¿Por qué? Porque si la historia nos la contase el detective, sabríamos el resultado de sus deducciones en el momento en que las hiciera en su mente, y por lo tanto la novela carecería del más mínimo suspenso. ¡Elemental!

Como siempre, en este apretadísimo muestrario ejemplar faltan otra multitud de posibilidades que ofrece el **Narrador Testigo**. Quizás una de las más interesantes es la que utiliza **Jorge Luis Borges** en *Hombre de la esquina rosada*, cuento de su primer libro narrativo, *Historia Universal de la Infamia*. El autor pretende contar la historia con la entonación propia de una historia oral, y utiliza a un narrador testigo de los hechos que se dirige evidentemente a alguna audiencia que lo está escuchando:

"A mí, tan luego, hablarme del finado Francisco Real. Yo lo conocí, y eso que éstos no eran sus barrios porque él sabía tallar más bien por el Norte, por esos laos de la laguna de Guadalupe y la Batería. Arriba de tres veces no lo traté, y ésas en una misma noche, pero es noche que no se me olvidará".

Como vemos, estructuralmente es un clásico **Narrador Testigo**. Pero la genialidad de Borges, para darle una nueva vuelta de tuerca de verosimilitud (que juega al mismo tiempo como vimos en las primeras sesiones, con el tema de la ficción/no ficción y del autor/narrador), hace que el narrador testigo, en el último párrafo, se dirija al propio Borges, quien pasa por tanto ahora a ser el Testigo, el depositario de la historia. Al tiempo que nos enteramos que, como ya lo sabe quien ha leído este cuento tan famoso, el Testigo era en realidad el propio Protagonista:

"Entonces, Borges, volví a sacar el cuchillo corto y filoso que yo sabía cargar aquí, en el chaleco, junto al sobaco izquierdo, y le pegué otra revisada despacio, y estaba como nuevo, inocente, y no quedaba ni un rastrito de sangre".

Narrador Coral y Narrador en Segunda Persona

Como hemos visto respecto a estos puntos de vista basados en la utilización de la primera persona, lo normal es que esta persona gramatical se utilice siempre en el singular. Un discurso narrativo (oral o escrito) se supone siempre producto de un individuo. No es vano recordar que la mayoría de los escritores recuerdan que la literatura es un oficio solitario. Pero sin embargo es posible concebir –al menos lógicamente- la posibilidad de un relato narrado colectivamente. En ese caso, sería un conjunto de narradores, o más bien un narrador colectivo, el que focaliza el Punto de Vista. Por eso, cuando ocurre este punto de vista en un relato suele ser denominado **Narrador Coral** (como si la historia fuese contada a la manera de un coro musical, con sus muchas voces que al unísono conforman una sola). No es frecuente la utilización de un punto de vista tan intrincado, pero como en literatura nunca faltan las experiencias, y algunas de ellas resultan verdaderamente exitosas, también en este sentido, hay ejemplos de ello. Como el del escritor mexicano **Juan Rulfo** en su novela *Pedro Páramo* o en algunos cuentos de su otro libro, *El llano en llamas*.

Otro Punto de Vista infrecuente es el que procede de narrar la historia utilizando la **Segunda Persona** gramatical (TÚ). La historia se narra interpelando a alguien que evidentemente tiene que formar parte de la historia, el narrador se dirige a un TÚ que es el protagonista de la historia. Este punto de vista se utilizó clásicamente en la llamada "literatura epistolar", donde no existe un narrador externo sino que la historia se va contando a través del cruce de cartas entre los personajes (un ejemplo notorio es *Las relaciones peligrosas*, de **Choderlos de Laclos**, novela del siglo XVIII). Evidentemente, las cartas siempre están dirigidas a alguien, por lo cual el texto está siempre escrito en segunda persona.

Sin embargo, además de la literatura epistolar, hay un uso contemporáneo de la **Segunda Persona**, experimentado sobre todo a partir de mediados del siglo XX. En *La modificación*, del francés **Michel Butor**, una de las novelas representativas de ese período muy experimental que fue la *nouvelle roman*, Leon toma el tren de París a Roma, donde va a reunirse con su amante abandonando a su familia. Pero a lo largo del viaje el personaje va revisando su propia vida y anticipando tentativamente el futuro, con lo cual acaba por cambiar de idea. La novela va transcurriendo durante el viaje en tren, estructurada a través del paso por las distintas estaciones. Pero lo interesante del Punto de Vista es que, ni está contada desde un narrador que describe el viaje y los pensamientos de Leon, ni está contada desde el propio Leon, sino que el Narrador se ubica externamente a la historia, y se dirige a Leon mismo con el apelativo de *Vous* (el *tú*, o *Usted* francés). "Usted hace esto y lo otro", sería el modelo narrativo. El principal efecto buscado es, sin duda, que por el uso del apelativo el lector sienta ser el Protagonista, asuma su lugar y sienta las sensaciones que podría sentir el propio protagonista interpelado.

Una variante de esta idea es la que utiliza otro autor contemporáneo, el americano **Paul Auster**, en *Diario de invierno*, donde el narrador va recordando y reflexionando sobre su propia vida dirigiéndose a sí mismo como sujeto interpelado:

"Piensas que nunca te va a pasar, imposible que te suceda a ti, que eres la única persona del mundo a quien jamás ocurrirán esas cosas, y entonces, una por una, empiezan a pasarte todas, igual que le suceden a cualquier otro".

Por fin, en este Punto de Vista, de uso realmente infrecuente y muy experimental, hay que destacar el caso singular de un cuento incluido en uno de los últimos libros del argentino **Julio Cortázar**, *Usted se tendió a tu lado*. En el cuento, relativo a las sensaciones de una madre y su hijo que va pasando de la niñez a la adolescencia, el autor describe la historia utilizando la segunda persona, pero con una vuelta de tuerca aún más arriesgada: por momentos se dirige a la mujer (*Usted...*) y por momentos al hijo (*Tú...*), dos formas castellanas de la segunda persona, pero produciendo el cambio de interpelación en la misma frase:

"Usted se levantó y la seguiste a unos pasos, esperaste que se tirara al agua para entrar lentamente, nadar lejos de ella que levantó los brazos y te hizo un saludo, entonces soltaste el estilo mariposa y cuando fingiste chocar contra ella usted lo

abrazó riendo, manoteándolo, siempre el mismo mocoso bruto...".

El recurso identificatorio del lector con los dos protagonistas se produce al mismo tiempo, y el autor pretende hacernos sentir las dos sensaciones simultáneamente.

Hemos visto en este apartado los diferentes usos posibles del Punto de Vista, que consideramos la elección fundamental del autor en el momento de elegir las estrategias narrativas para un relato. Insistimos en que dentro de este marco general que hemos resumido, existen casi tantas variantes como autores capaces de imaginarlos y plasmarlos literariamente. Practicar estos Puntos de Vista hasta dominarlos, y poder identificar su utilización en los relatos que leemos, es un buen camino para hacerse de una de las herramientas más importantes de la narrativa.

También podemos comprobar, saliendo de la teoría y yendo a los textos concretos, que existen numerosas narraciones (en particular novelas, pero también muchos cuentos), en los que el Punto de Vista puede ir cambiando a medida que se desarrolla la narración. Hemos visto ya, por ejemplo, cómo *Madame Bovary* comienza contado por un narrador testigo, y al cabo del primer capítulo, la narración pasa a ser relatada hasta el final por una tercera persona más o menos omnisciente. También veremos más adelante, cuando hablemos de la estructura del cuento, cómo en *La noche boca arriba* **Julio Cortázar** alterna magistralmente dos puntos de vista para lograr el efecto que la historia requiere. En *Las olas*, de **Virginia Woolf**, cada sección está compuesta por una primera entrada en tercera persona, ofreciendo una descripción paisajística que enmarca el cambio de tiempo de la acción, seguida de seis intervenciones de diferentes Puntos de Vista cada uno de ellos en primera persona. También en la propia *Moby Dick*, cuyo Narrador es el grumete Ismael, el final es bruscamente asumido por un Narrador Omnisciente en tercera persona, que cuenta el naufragio final. Hay muchísimos ejemplos que podríamos citar, que incluyen desde la polifónica *Mientras agonizo*, de **William Faulkner**, hasta seguramente una amplia mayoría de las novelas actuales.

En estos casos, cuyos procedimientos experimentales son uno de los principales desafíos que se imponen los narradores contemporáneos, juegan un papel decisivo las técnicas destinadas a disimular o invisibilizar las transiciones entre esas mutaciones de Punto de Vista (por ejemplo: ¿en qué momento cambia de narrador *Madame Bovary*?), sin lo cual probablemente la narración no sería otra cosa que un pastiche indigerible. Sobre esas técnicas (o trucos, si se quiere decirlo de manera más pícara) hablaremos un poco más adelante.

Tema, trama y argumento

Vamos a retomar algo que ya empezamos a desarrollar en las páginas introductorias, y que es de vital importancia para la construcción de un relato: su **estructura** básica.

Dijimos que un relato literario, un cuento, si bien contemporáneamente ya no es el objeto textual cerrado y casi dogmático que se consideraba un siglo atrás (y que ciertos puristas "academicistas" siguen considerando), ya que la irrupción de nuevas formas de hacer literatura, y sobre todo de nuevas posibilidades de utilización del punto de vista, le han dado una gran flexibilidad y apertura, igualmente tiene algunas características que permanecen invariables, ya que hacen a la definición misma del género.

Todo cuento, como insistimos desde el principio de estas clases, requiere una historia: algo que OCURRA, una acción. Un cuento literario no puede limitarse, por ejemplo, a una descripción de sitios, momentos o personas (o incluso meramente de un estado de ánimo). Aún permanecen sin embargo resabios de la tendencia que predominó en cierto realismo del siglo XIX, que en función de su concepción de que la literatura era la reproducción de la realidad (mientras más referida a la denuncia de injusticias y problemas de la sociedad, mejor) reducía el relato a un mero recorte de esa realidad, prescindiendo de otros efectos sobre el lector que la mera representación (en plan testimonial) de esa realidad que se quería, en general, denunciar.

El tipo de relato predominante entonces es lo que se dio en llamar, precisamente *"tranche de vie"*, esto es, "un pedazo de vida". Según este realismo, no era necesario contar una "historia" en el sentido de algo que tiene un desarrollo progresivo, sino sólo representar una situación real. La realidad demostró que, por bien intencionadas que fueran estas piezas literarias, no cumplían con uno de los principales objetivos de la ficción literaria: atrapar el interés del lector. Han quedado, en realidad, como testimonios a veces realmente muy vívidos de la realidad social de una época, muy válidos desde luego en este terreno. Incluso, algunos de factura literaria estupenda: pero se trata de misceláneas, retratos, crónicas: no de **relatos** en el sentido en el que lo conceptualizamos en este libro, o sea, de **cuentos.** El objetivo de nuestro relato puede ser, sin duda alguna, revelar la psicología de un personaje, denunciar una injusticia social, presentar un cuadro ilustrativo de la sociedad o inflamar al lector de patriotismo, piedad o conciencia revolucionaria. Pero ese objetivo **debe expresarse a través de una historia**. En eso estamos.

Por lo tanto, está claro que el cuento debe narrar algo que transcurra: una **historia**. Y el interés que mueva al lector a seguir esa historia desde el principio hasta el final, requiere la utilización de una **estrategia narrativa**. El producto de la estrategia narrativa se plasma en la estructura del relato.

En ese sentido, el relato corto o cuento tiene una estructura muy definida, aunque las diferencias fundamentales pueden darse entre las casi infinitas maneras de resolver los componentes de esa estructura. Apelando a cierta dosis de obviedad, muchos manuales teóricos definen las partes del Cuento como **Principio**, **Medio** y **Fin**. Poco avanzamos si no intentamos darle una definición un poco más ajustada.

Llamaremos, por nuestra parte, al principio como **Presentación**, y al fin como **Desenlace**. Las dos partes más importantes de la estructura son sin duda esas. Pero entre ellas nos queda una parte no menos importante, aunque quizás más flexible, y desde luego la que (por lo común) suele ser la más larga y compleja. Lo llamaremos globalmente **Asunto**, aunque podríamos afinar más el lápiz y distinguir en él la **Trama** y el **Argumento**. Llamamos **Trama** (precisamente ese es el significado exacto de la palabra) a la matriz básica de la acción: qué es lo que ocurre en el tiempo y el espacio (ficticios) de la historia. El **Argumento**, en todo caso, ya es el desarrollo completo con todos sus componentes (personajes, etc): la Historia (o el Asunto) que es narrada en el cuento.

Vamos a detenernos más en cada una de estas partes de la estructura narrativa. Dejo de lado en esta sesión la cuestión del **Tema**, que como hemos dicho es el verdadero centro de atracción que estructura el relato, porque creo que hemos hablado ya de su centralidad y características en secciones anteriores. Me limitaré a recordar una vez más que el **Tema** subyace siempre a la trama narrativa, que en el fondo no es más que una excusa para hablar de él.

Ya vamos empezando a vislumbrar algunos elementos que definen al género que denominamos **Cuento** o **Relato Corto**. Y es, primero que nada, que el cuento debe contar algo, pero contar en el sentido de una **acción**, de un suceso que se desarrolla en el tiempo y en el espacio. Parece una perogrullada, pero si observamos gran parte de lo que escriben quienes recién empiezan en este apasionante pero complicado camino, veremos que no siempre se entiende bien. La magnífica caracterización psicológica o la perfecta descripción de un escenario o ambiente de que hablábamos en el párrafo anterior no es un relato si se queda en caracterización o descripción. La caracterización o descripción, en todo caso, debe poner en marcha una acción. El cuento es siempre ACCIÓN (lo que no significa que deba ser siempre un cuento de los llamados "de acción", por supuesto), el texto narrativo es MOVIMIENTO HACIA ALGO.

En ese sentido, es que se suele dividir la estructura de un relato en **PRESENTACIÓN, NUDO** (desarrollo del **Asunto**) y **DESENLACE.** Esta división es un esquematismo un tanto excesivo, pero sí que nos sirve a los fines de poder entender qué se entiende por Cuento.

El planteamiento

Por Presentación, **Planteamiento**, Exhibición u otros conceptos similares, se entiende el elemento que pone en marcha la acción del relato. Naturalmente, hay tantas variantes para ello como narradores posibles, pero lo que tiene que quedar claro es que se trata precisamente del Planteamiento de la historia: sea cual sea el elemento textual que usemos para presentar la narración, en esta sección es donde se genera el interés del lector y se lo prepara para lo que va a venir: se lo induce, en una palabra, a seguir leyendo. Por ello, el Planteamiento es de importancia vital para la efectividad de una narración. En él tenemos que darle una pista al lector acerca de lo que vamos a contarle (o incluso, si lo consideramos funcionalmente más adecuado, no del asunto sino del propio tema), generarle interés o intriga por lo que va a leer a continuación: en cierta forma, un buen Planteamiento debería poner en escena de un golpe todo aquello que recién podremos completar o comprender al final. Aunque no hay unanimidad en este sentido, los clásicos del género tienden a aconsejar que el cuento comience –como dice Cortázar- "in media res", es decir, en medio del asunto, sin introducciones retóricas ni presentaciones previas de personajes.

Veamos el comienzo de *"¿Por qué no bailáis?"* Del libro *De qué hablamos cuando hablamos de amor*, del norteamericano **Raymond Carver**:

"Se sirvió otra copa en la cocina y miró los muebles del dormitorio, situados en la parte delantera de su jardín. Excepto el colchón desnudo y las sábanas a vivas rayas, que descansaban junto a dos almohadas sobre el chifonier, todo mostraba un aspecto muy semejante al que había tenido el dormitorio: mesilla de noche y pequeña lámpara a su lado de la cabecera, mesilla de noche y pequeña lámpara al otro lado, el de ella".

Hay dos elementos puestos estratégicamente para anticipar el cuento. Uno de ellos, evidentemente, es el que provoca la pregunta del lector: ¿y qué hacen los muebles del protagonista en su jardín? Luego sabremos, en el desarrollo del Argumento, que los ha colocado allí para ponerlos en venta a toda la gente que pasa frente a su casa, que está situada al borde de una carretera. Pero en ese mismo párrafo inicial, el narrador introduce otro elemento: cuando describe la ubicación de los muebles, se ocupa muy bien de destacar que hay "dos lados": el de él y el de ella. La historia está clara: el protagonista ha puesto en venta sus muebles porque se ha separado de su mujer. El autor ha presentado perfectamente el tema sin decirlo: sólo con describir la situación sabemos cuál es el tema del cuento. Luego veremos que el argumento gira alrededor de una pareja que pasa y se detiene a comprarle cosas, y lo que ocurre en esa situación, pero el tema que subyace es el otro, que ya ha sido presentado en el primer párrafo.

En el cuento "La madre de Ernesto" (**Abelardo Castillo**, *Cuentos crueles*), la primera línea *("Si Ernesto se enteró de que ella había vuelto...")* en combinación con el propio título ya nos está anticipando el asunto; e incluso la frase final del primer párrafo nos está sugiriendo el tema de fondo.

"Si Ernesto se enteró de que ella había vuelto (cómo había vuelto), nunca lo supe, pero el caso es que poco después se fue a vivir a El Tala, y, en todo aquel verano, sólo volvimos a verlo una o dos veces. Costaba trabajo mirarlo de frente. Era como si la idea que Julio nos había metido en la cabeza - porque la idea fue de él, de Julio, y era una idea extraña, turbadora: sucia- nos hiciera sentir culpables. No es que uno fuera puritano, no. A esa edad, y en un sitio como aquél, nadie es puritano. Pero justamente por eso, porque no lo éramos, porque no teníamos nada de puros o piadosos y al fin de cuentas nos parecíamos bastante a casi todo el mundo, es que la idea tenía algo que turbaba. Cierta cosa inconfesable, cruel. Atractiva. Sobre todo, atractiva".

En el primer párrafo, ya podemos intuir de qué va la historia. Como diría Jean Anouilh: ahora el resorte está tenso.

Esta cualidad esencial de la Presentación no es propiedad exclusiva del Cuento, y funciona de la misma manera en otras versiones de la ficción narrativa, como lo es la novela.

"Muchos años después, frente al pelotón de fusilamiento, el coronel Aureliano Buendía había de recordar aquella tarde remota en que su padre lo llevó a conocer el hielo".

Probablemente este sea uno de los comienzos de novela más famosos de todos los tiempos. Se trata de la primera frase de *Cien años de soledad*, de **Gabriel García Márquez**. En este comienzo magistral, el autor colombiano cuenta en un solo impulso el momento central y el principio de la acción. Como el libro despliega, evidentemente, la vida del coronel Aureliano Buendía, sabemos ya en la primera frase que fue fusilado (aunque en verdad, y perdónenme el *spoiler*, luego descubriremos que no alcanzaron a hacerlo), y en el mismo momento en que nos enteramos de ese suceso crucial, un violento "flash back" nos retrotrae al principio de la historia: un punto anclado en la memoria infantil del protagonista. Qué pasó entre ambos momentos, el del pasado y el del hipotético futuro, es lo que sabremos que van a contarnos, y aunque en rigor la historia luego se prolongará mucho más allá del intento de fusilamiento del Coronel, ya el anzuelo ha enganchado a su presa. De paso, García Márquez sugiere en esa presentación el tema que va a subyacer a la totalidad de la novela: los conflictos institucionales que llevan a permanentes destinos trágicos en la historia del país, esto es, sus "cien años de soledad".

Veamos otro ejemplo:

"Hoy ha muerto mamá. O quizá ayer. No lo sé. Recibí un telegrama del asilo: 'Falleció su madre. Entierro mañana. Sentidas condolencias'. Pero no quiere decir nada. Quizá haya sido ayer".

71

Un protagonista cuya personalidad está retratada desde el primer párrafo, el prototipo existencialista cuya indiferencia vital ante las cosas que le ocurren ha marcado a tantos lectores: el Mersault de *El extranjero* de **Albert Camus**.

Y qué decir del comienzo de la historia de aquel gris empleaducho de oficina que una mañana, como si fuera lo más natural del mundo, se despierta convertido en cucaracha:

"Cuando Gregorio Samsa se despertó una mañana después de un sueño intranquilo, se encontró sobre su cama convertido en un monstruoso insecto. Estaba tumbado sobre su espalda dura, y en forma de caparazón y, al levantar un poco la cabeza, veía un vientre abombado, parduzco, dividido por partes duras en forma de arco, sobre cuya protuberancia apenas podía mantenerse el cobertor, a punto ya de resbalar al suelo".

Con este tratamiento plano, sin altisonancias ni aparente sorpresa, **Kafka** nos adelanta la atmósfera onírica e irreal de *La metamorfosis*.

Por su parte, uno de los mayores artífices de la narración en castellano, **Juan Carlos Onetti**, comienza así su breve novela *Los adioses*:

"Quisiera no haber visto del hombre, la primera vez que entró en el almacén, nada más que las manos; lentas, intimidadas y torpes, moviéndose sin fe, largas y todavía sin tostar, disculpándose por su actuación desinteresada. Hizo algunas preguntas y tomó una botella de cerveza, de pie en el extremo más sombrío del mostrador, vuelta la cara —sobre un fondo de alpargatas, el almanaque, embutidos blanqueados por los años— hacia afuera, hacia el sol del atardecer y la altura

violeta de la sierra, mientras esperaba el ómnibus que lo llevaría a los portones del hotel viejo.

Quisiera no haberle visto más que las manos, me hubiera bastado verlas cuando le di el cambio de los cien pesos y los dedos apretaron los billetes, trataron de acomodarlos y, en seguida, resolviéndose, hicieron una pelota achatada y la escondieron con pudor en un bolsillo del saco; me hubieran bastado aquellos movimientos sobre la madera llena de tajos rellenados con grasa y mugre para saber que no iba a curarse, que no conocía nada de donde sacar voluntad para curarse".

Con inusitada maestría, el escritor uruguayo resume en pocas frases tanto su estilo (la morosidad de la narración, el detalle expresionista de las conductas, incluso la voluntad rítmica que imponen los dos "Quisiera…" con que encabeza los párrafos), y el desenlace inevitable de la historia, sea esta la que vaya a ser ("que no iba a curarse").

Podríamos continuar esta lista de ejemplos prácticamente mencionando a todas las grandes narraciones de la historia de la literatura (empezando por *Don Quijote*), pero sólo vamos a agregar una, en que el ya célebre párrafo inicial nos da la idea de cuál será el tono de la historia que va a contarse, la evidencia de que la vida constituye un orden en que por debajo del azar y lo inesperado subyace un orden inaprensible y misterioso. Se trata de *Rayuela*, del argentino **Julio Cortázar**:

"¿Encontraría a la Maga? Tantas veces me había bastado asomarme, viniendo por la rue de Seine, al arco que da al Quai de Conti, y apenas la luz de ceniza y olivo que flota sobre el río me dejaba distinguir las formas, ya su silueta delgada se inscribía en el Pont des Arts, a veces andando de un lado a otro, a veces detenida en el pretil de hierro, incli-

nada sobre el agua. Y era tan natural cruzar la calle, subir
los peldaños del puente, entrar en su delgada cintura y acer-
carme a la Maga que sonreía sin sorpresa, convencida como
yo de que un encuentro casual era lo menos casual en nues-
tras vidas, y que la gente que se da citas precisas es la misma
que necesita papel rayado para escribirse o que aprieta des-
de abajo el tubo de dentífrico".

Paradójicamente, y en función de esta idea de que los párrafos iniciales deben de alguna manera prevenir toda la narración a los ojos del lector (aunque sin desentrañar su contenido, por supuesto), la mayoría de los autores dejan estas frases para redactarlas al final, una vez que el cuento o la novela están terminados. O al menos, revisar y rehacerlas cuidadosamente una vez que el resto de la narración ya ha encontrado su forma más o menos definitiva.

El Desenlace

El otro elemento determinante en la efectividad del relato narrado es el **Desenlace** o Final. Es en ese momento del texto donde la acción (o el efecto estructural que la mueve) se desencadena y cierra el efecto deseado, unificando a la vez la trama con el tema. Es un tópico del cuento clásico la idea del "final inesperado", o "sorpresivo" que presenta un desenlace que de pronto cambia completamente lo que el lector venía previendo acerca de la trama. Pero este tipo de Desenlace, que por supuesto bien construido es uno de los mejores recursos de un buen narrador, puede convertirse en contraproducente si esa "sorpresa" en la que desemboca la acción no está absolutamente justificada por la lógica interna del relato mismo, lo que llamamos Verosimilitud.

Pero un relato no necesita forzosamente "final sorpresivo" para lograr el efecto deseado que – como recordamos - es alumbrar el verdadero tema que subyace a la historia. Sin embargo, se elija el final que se elija (ya iremos viendo interesantes alternativas con el transcurso de los capítulos y los análisis), ese **Desenlace** debe "cerrar" el sentido del texto para la percepción del lector. Nótese que no digo aquí que tenga que "cerrar la historia" (o la anécdota) porque es evidente que la "intriga" de la trama puede quedar sin resolución, puede tener un "final abierto"; pero eso resulta efectivo sólo si produce en el lector un efecto relacionado con el tema que se pretende poner en juego.

Empecemos con el ejemplo de un cuento que ya hemos mencionado. En *"La madre de Ernesto"*, el escritor argentino **Abelardo Castillo** cuenta la historia de unos adolescentes que deciden asistir a un prostíbulo donde saben que trabaja como prostituta la madre de un amigo de la infancia, a la que recuerdan de su niñez. Todo el cuento oscila entre el morbo que les produce pensar en la situación y el temor que les produce enfrentarse a la misma, y el momento en que la mujer los recibe lujuriosa y provocativa abriéndose el deshabillé para tentarlos. Pero cuando los ve de cerca y descubre que son los amigos de su hijo, ella piensa que vienen a decirle que algo le ha pasado a él (al amigo de ellos) y su actitud lúbrica cambia súbitamente por el temor y la preocupación: *"Y entonces fue que lo dijo. Dijo si le había pasado algo a él, a Ernesto"*.

Allí podría haber terminado el cuento, el final está redondo y cerrado. Sin embargo, el autor no lo deja allí. Punto y aparte: *"Cerrándose el deshabillé lo dijo"*. Una suerte de coda, que retrata el estado de ánimo del personaje, sin hablar de él. Si el cuento ya de por sí tenía un buen final, con esta coda el final se vuelve perfecto.

Vamos a ver ahora el final de un clásico, que ya hemos analizado como ejemplo en una sección anterior, escrito por quien como hemos dicho más arriba se considera el padre del cuento moderno: **Edgar Alan Poe**. Hablamos nuevamente de *El corazón delator*. Ya hablamos de él cuando nos referimos al uso del **Narrador Protagonista**. Recordaremos que en el relato, el protagonista es un alucinado que se obsesiona con el ojo de un viejo vecino suyo y lo termina asesinando sin más motivo que su propia obsesión. Luego, esconde el cuerpo bajo los tablones de la propia vivienda, y está seguro de que nunca lo podrán encontrar, pero llegan dos policías con los que sostiene una conversación al principio con gran soltura, y de la que agentes se convencen fácilmente de que nada raro ha ocurrido, hasta que él cree empezar a oír, en medio de una creciente paranoia, los latidos del corazón del viejo muerto. Recordarán ustedes el final:

"Sin duda, debí de ponerme muy pálido, pero seguí hablando con creciente soltura y levantando mucho la voz. Empero, el sonido aumentaba... ¿y qué podía hacer yo? Era un resonar apagado y presuroso..., un sonido como el que podría hacer un reloj envuelto en algodón. Yo jadeaba, tratando de recobrar el aliento, y, sin embargo, los policías no habían oído nada. Hablé con mayor rapidez, con vehemencia, pero el sonido crecía continuamente. Me puse en pie y discutí sobre insignificancias en voz muy alta y con violentas gesticulaciones; pero el sonido crecía continuamente. ¿Por qué no se iban? Anduve de un lado a otro, a grandes pasos, como si las observaciones de aquellos hombres me enfurecieran; pero el sonido crecía continuamente. ¡Oh, Dios! ¿Qué podía hacer yo? Lancé espumarajos de rabia... maldije... juré... Balanceando la silla sobre la cual me había sentado, raspé con ella las tablas del piso, pero el sonido sobrepujaba todos los otros

y crecía sin cesar. ¡Más alto... más alto... más alto! Y entretanto los hombres seguían charlando plácidamente y sonriendo. ¿Era posible que no oyeran? ¡Santo Dios! ¡No, no! ¡Claro que oían y que sospechaban! ¡Sabían... y se estaban burlando de mi horror! ¡Sí, así lo pensé y así lo pienso hoy! ¡Pero cualquier cosa era preferible a aquella agonía! ¡Cualquier cosa sería más tolerable que aquel escarnio! ¡No podía soportar más tiempo sus sonrisas hipócritas! ¡Sentí que tenía que gritar o morir, y entonces... otra vez... escuchen... más fuerte... más fuerte... más fuerte... más fuerte!

-¡Basta ya de fingir, malvados! -aullé-. ¡Confieso que lo maté! ¡Levanten esos tablones! ¡Ahí... ahí!¡Donde está latiendo su horrible corazón!"

Es su propia locura la que traiciona al protagonista; así, en el final, el ruido del corazón del muerto, que él cree oír cada vez más obsesivamente, hace que confiese su crimen. El hombre está loco, sin duda, y lo descubrimos desde el principio, pero ¿cómo es que oye –o cree oír- el latido del corazón ya muerto? Pues, para comprender que ese final es coherente con la lógica propia de la totalidad del relato, basta con que volvamos por unos segundos al primer párrafo. ¿Recuerdan?:

*"¡Es cierto! Siempre he sido nervioso, muy nervioso, terriblemente nervioso. ¿Pero por qué afirman ustedes que estoy loco? La enfermedad había agudizado mis sentidos, en vez de destruirlos o embotarlos. **Y mi oído era el más agudo de todos. Oía todo lo que puede oírse en la tierra y en el cielo. Muchas cosas oí en el infierno.** ¿Cómo puedo estar loco, entonces? Escuchen... y observen con cuánta cordura, con cuánta tranquilidad les cuento mi historia".*

Otro ejemplo de unidad imprescindible entre la **Presentación** y el **Desenlace**: uno se apoya textualmente en el otro. Una de las estrategias (diríamos vulgarmente: de los trucos) más importantes en un buen cuento, es precisamente esa: que los elementos que confluirán en el Desenlace, estén de alguna manera sugeridos o anticipados en la Presentación misma.

No todos los cuentos, no obstante, al menos en la literatura contemporánea, tienen un Desenlace "cerrado", en el que la historia encuentra un final absoluto. En las actuales estrategias narrativas, es frecuente encontrarnos también con los llamados "finales abiertos". Habrá que hacer alguna referencia a ello, sobre todo para aclarar algunos equívocos.

Cuando se habla de **"final abierto"**, se tiende a pensar que se trata de una historia que no termina, una historia de la que el narrador no nos cuenta su última incidencia, para que seamos los lectores quienes –mediante el uso de nuestra propia imaginación- terminemos de decidir qué es lo que va a pasar al cabo de todos aquellos sucesos que se nos han contado. Una pareja planea un viaje, ocurren discusiones, se suceden acontecimientos extraños con las maletas, y el cuento termina antes de que sepamos si los personajes han emprendido o no el viaje. Ese tipo de historias son historias, sin duda, de "final abierto".

Pero hay otro tipo de desenlaces narrativos mucho menos obvios, más sutiles, donde la inexistencia de un acontecimiento de especial relevancia no significa simplemente que la historia no se resuelva, sino que simplemente el final está sugerido, produciendo así un efecto más adecuado para transmitir el tema que el autor se ha propuesto desarrollar. Volvemos a insistir que en un relato literario, no es la historia en sí misma sino el **Tema** (del que ya hemos hablado en su momento) el elemento central alrededor del que debe girar toda la estructura. Terminaré esta sección con dos relatos de **Raymond Carver**.

En *Intimidad*, un hombre pasa a ver a su ex mujer de la que está separado hace años, tienen un tensa conversación en la que va apareciendo todo lo que han pasado juntos y los reproches de ella, la humillación que ha sentido (porque descubrimos que el hombre es escritor y ella se siente identificada con los personajes femeninos de sus novelas), la culpa de él (que se ve en sus actitudes, no en sus palabras), y al final ella lo despide antes de que vuelva su marido actual. Así es el último párrafo, que cuenta inadvertidamente algo más que no ha aparecido en todo el diálogo, pero que se comprende como uno de los ejes temáticos:

"Me alejo por la acera. Unos niños se pasan un balón de fútbol al otro extremo de la calle. Pero no son hijos míos. Ni hijos de ella. Hay hojas secas por todas partes, incluso en las cunetas. Mire donde mire, las veo a montones. Caen de los árboles a mi paso. No puedo avanzar sin que mis pies tropiecen con ellas. Deberían hacer algo al respecto. Deberían tomarse la molestia de coger un rastrillo y dejar esto como es debido"

No han tenido niños, y esa en realidad ha sido la frustración que mueve el conflicto, aunque no aparezca en la anécdota misma. Recién lo comprendemos leyendo este final.

En *El baño*, del mismo autor (que tiene curiosamente dos versiones, la segunda con una anécdota expandida, con el título *Parece una tontería*), la madre de un niño llamado Scotty va a la pastelería y encarga una tarta con el nombre de su hijo, del quien al día siguiente será el cumpleaños. A la mañana, el niño es atropellado por un coche yendo al colegio y sufre un coma. Los padres lo llevan al hospital y esperan su mejoría. A la tarde, la madre regresa por unos momentos a la casa a hacer un pequeño descanso, absorbida por la situación de su hijo, y de pronto la interrumpe el sonido del teléfono.

"- ¿La señora Weis? – preguntó una voz de hombre.

- Si –contestó ella – Soy la señora Weiss, ¿Se trata de Scotty?

- Scotty –dijo la voz- Se trata de Scotty –siguió la voz – Tiene que ver con Scotty, sí".

Comprendemos de inmediato que se trata del pastelero, indignado porque nadie ha ido a recoger el encargo. Cruel, pero sobrecogedor final…

La Trama

Entre la **Presentación** y el **Desenlace**, encontramos el cuerpo principal del relato, al que se suele llamar **Asunto** o **Argumento**. Es la historia concreta en su desenvolvimiento. Es la segunda sección de nuestro cuento, y es en donde se cuenta la historia, se lleva adelante el desarrollo de la acción, de la trama que ejecutan los personajes, la narración propiamente dicha. Esta sección podría parecer que es más "relajada", menos rigurosa que las otras, ya que ocupa normalmente la mayor parte del relato y no señala puntos de inflexión tan centrales como el Planteamiento o el Desenlace. Sin embargo, no olvidemos lo que hemos dicho sobre la funcionalidad que deben tener todos los elementos de la estructura en relación al tema central. Es en esta sección donde solemos cometer los principales errores, ya que es fácil que nos dejemos llevar por el entusiasmo narrativo e incorporemos acciones o datos innecesarios y que –como hemos dicho- constituyan digresiones o posibles obstáculos para que el lector sea atrapado por el efecto global del relato.

Algunos prefieren distinguir otros elementos más finos dentro del propio argumento como la Trama o el Clímax. La **Trama**, en todo caso, se refiere al esquema básico de la historia: como si despojásemos al cuento de todas las variables. Pensemos en las matemáticas para darnos una idea: en las ecuaciones hay elementos constantes –que son parte estructural de la operación-, y variables, que son los datos particulares que pueden cambiar (y de hecho cambian) de una operación concreta a otra, lo cual hace que la ecuación se resuelva en un caso particular. La Trama sería entonces la estructura desnuda, mientras que se llamaría **Argumento** a esa estructura, pero ya con sus variables incorporadas (**Trama:** el personaje x mata a y; **Argumento**: Juan mata a Carolina).

El **Clímax**, por su parte, y como su nombre lo indica, se refiere al momento más determinante del argumento. Por ejemplo, para usar el ejemplo de un cuento del que ya hemos hablado, *La madre de Ernesto*, el Asunto central del relato comienza, tras el párrafo inicial donde se presenta el núcleo temático, cuando el narrador cuenta: *"Fue hace mucho. Todavía estaba el Alabama, aquella estación de servicio..."* etc. Y luego va relatando el transcurso del tiempo desde que Julio lanza la idea, hasta que ellos efectivamente deciden ir al prostíbulo. En ese sentido, el momento culminante se produce cuando la prostituta –la madre de Ernesto- abre finalmente la puerta de su habitación y aparece en escena.

Ese Clímax es lo que da paso, casi inmediatamente, al desenlace.

Este sector del relato cumple la función de hacer avanzar la historia desde la Presentación hasta el Desenlace. Por tanto, es el que permite mayores libertades narrativas. Como ya hemos dicho hasta el cansancio, la realidad es inagotable, y por tanto narrar una realidad (ficcional) es simplemente recortar de ella unos ciertos datos, precisamente los datos que sean **relevantes**, o más relevantes, para conducirnos hacia el final de la historia. Pero debemos insistir plenamente en este último concepto: **relevancia**. Un buen narrador debe conducir la peripecia por un camino seguro, eligiendo narrar las circunstancias o hechos que nos dirijan como una flecha hacia el blanco del desenlace, y evitando digresiones que nada aporten al núcleo temático o meras disquisiciones, descripciones o pinturas que –por magistralmente bien escritas que estén- distraigan al lector de la estrategia narrativa que se ha elegido para producir los efectos que –precisamente- se pretenden provocar.

Los escritores noveles tienen la tendencia a engrosar sus textos con párrafos llenos de descripciones, adjetivaciones o incluso opiniones, pensando que eso le da a la historia mayor realismo. El secreto de un buen relato no es que sea más o menos realista, sino que provoque en el lector el efecto que queremos producir. Y para eso, la economía verbal suele ser el mejor ingrediente. **Augusto Monterroso** no necesitó más que estas palabras para contar una historia, considerada el cuento más corto de todos los tiempos: *"Cuando despertó, el dinosaurio todavía estaba allí".* Ya hay una historia, puede dejarse a la imaginación del lector rellenar infinitamente sus variables.

Claro que el hecho de evitar digresiones o descripciones irrelevantes no significa que debamos prescindir de ellas obligatoriamente. Por el contrario, si una digresión o una descripción (o incluso en ciertos casos un juicio del narrador) apoyan la estrategia narrativa del relato, es decir, si sirven de alguna manera para reforzar los efectos previstos, no sólo no sobran, sino que son necesarios. Todo tiene que ver, como se ve, con el uso de unas herramientas en función de unos fines narrativos. Lo mismo ocurre con las "pistas" que hábilmente el narrador vaya dejando a través del desarrollo de la trama, que preparan consciente o incluso subliminalmente al lector para recibir el impacto que se pretende a través del desenlace.

En algunos casos (el escritor **Ricardo Piglia** sugiere que de algún modo eso ocurre *siempre* en el cuento literario) en el argumento de un relato coexisten en realidad dos historias; una visible, la que se cuenta en primer plano, y otra que actúa en un segundo plano, como oculta tras la más obvia, y acerca de la que el narrador va dejando aparecer sugerencias, como notas discordantes que aparecen en las fisuras de la historia explícita; hasta que el desenlace revela que en realidad la verdadera historia, la importante, es la que creíamos que estaba en segundo plano, y es justamente a través del desenlace cuando lo comprendemos, y así recién cuando ella salta a la vista es cuando "atamos cabos" de señales que hemos recogido por el camino sin advertir que eran las señales de la verdadera trama.

El balance de la estructura

Vamos ahora a ver cómo se complementan necesariamente todos estos componentes básicos de la estructura, en un cuento más complejo ya que en él se cuentan simultáneamente dos anécdotas en lugar de una. En *La noche boca arriba*, **Julio Cortázar** cuenta dos historias. En una, un motociclista sufre un accidente y es trasladado a un hospital, en la otra un indígena mexicano es perseguido por una tribu enemiga y atrapado para ser sacrificado. Ambas historias tienen, por momentos, situaciones que parecen sensorialmente similares (para ejemplificar, lo que da nombre al cuento: en cierto momento, tanto al motociclista accidentado como al indio sacrificado lo alzan entre varios y lo llevan boca arriba hacia alguna parte: en un caso a la ambulancia, en otro al sacrificio ritual). La historia no tiene cortes textuales, una historia se va deslizando en la otra, lo que nos hace ver que la persecución es, en realidad, un sueño del motociclista. Tras el último cambio, en el momento en que el indio está a punto de ser sacrificado, esperamos que despierte a tiempo del sueño; pero es entonces cuando descubrimos con horror que la historia era al revés: el motociclista era un sueño del indio, y este va a morir irremediablemente.

Introduzco este cuento porque nos va a permitir analizar la importancia de las tres partes de la estructura narrativa. El cuento comienza:

"A mitad del largo zaguán del hotel pensó que debía ser tarde, y se apuró a salir a la calle y sacar la motocicleta del rincón donde el portero de al lado le permitía guardarla".

El narrador comienza presentando la historia del motociclista. Luego vemos cómo se suceden una serie de adormecimientos y despertares en las que se va contando cada una de las historias. Y así termina:

"Alcanzó a cerrar otra vez los párpados, aunque ahora sabía que no iba a despertarse, que estaba despierto, que el sueño

maravilloso había sido el otro, absurdo como todos los sue-
ños: un sueño en el que había andado por extrañas avenidas
de una ciudad asombrosa, con luces verdes y rojas que ar-
dían sin llama y sin humo, con un enorme insecto de metal
que zumbaba bajo sus piernas. En la mentira infinita de ese
sueño también lo habían alzado del suelo, también alguien se
le había acercado con un cuchillo en la mano, a él tendido
boca arriba, a él boca arriba con los ojos cerrados entre las
hogueras".

Es aquí cuando descubrimos, efectivamente, que el sueño era el otro.

Aunque alguien me ha objetado en un taller que es una
historia increíble, ello no es así: es posible dentro de la
lógica interna del relato, que se basa en sueños, donde
todo es posible. En cada una de las historias, el narrador
describe una lógica propia que tiene verosimilitud en sí
misma: y al mismo tiempo da pistas –a un lector agudo,
atento- de que la lógica de una historia no coincide con
la de la otra. Pero la clave de la sorpresa que es el efecto
central de este cuento, está dado por la utilización del
principio y el final. Ambas historias son paralelas, y
siempre está claro que una es un sueño dentro de la otra;
pero al empezar el relato (**Presentación**) con la historia
del motociclista, el autor nos engaña apelando a la estructura de la narración clásica donde no se rompe el
orden temporal: si se cuenta antes la historia del motociclista, entonces lo soñado tiene que ser la otra historia.

¿Por qué creemos eso? Simplemente porque nos deja-
mos llevar por una forma clásica de narrar; pero en
realidad no hay nada objetivo que nos permita sacar esa
conclusión. Terminando el cuento con la otra historia
(**Desenlace**), la del indígena sacrificado, Cortázar nos
revela la verdadera trama: el accidente del motociclista

es, en realidad, un sueño absurdo del indio que va a ser sacrificado. Un cuento que nos deja clarísimo, obviamente, hasta qué punto la Presentación y el Desenlace son la clave de un relato.

Adelantamos el final de este cuento de Cortázar, para ejemplificar su maestría en el uso del **Desenlace**. Suele decirse que es el momento más importante del cuento, pero yo difiero: tan importante es la Presentación como el Desenlace, y a menudo (como hemos visto precisamente en *La noche boca arriba*) uno es inseparable del otro.

El caso de la novela

La mayor parte de los conceptos que hemos desarrollamos (y desarrollaremos) respecto a las técnicas narrativas del relato, valen también para la narrativa de largo alcance, es decir, para la novela. Pero también, obviamente, existen importantísimas diferencias entre ambos géneros, que trataremos de reseñar.

Si el cuento tiene un origen indiscutible en los relatos orales que desde la prehistoria los seres humanos se transmiten unos a otros, también podría decirse lo mismo de la novela, pero lo primero que observamos es que mientras el primero se atiene mucho mejor a las posibilidades de la transmisión oral (en primer lugar por su extensión, y en otro sentido por la unidad temática y dramática que lo hace más fácil de ser retenido por la memoria), en la novela la acción abarca contenidos mucho más diversos.

El origen de la novela, como ya hemos dicho, está dentro de la literatura clásica en el género llamado **épica**. Se trata de narraciones (generalmente escritas en verso, una métrica que ayuda a la memorización cuando aún no existía la escritura) que cuentan historias extensas, y que por lo general incluyen subhistorias o ramificaciones sin límite del eje narrativo. Por ejemplo, las homéricas *Iliada* y *Odisea*, o ya en tiempos romances *El cantar de Mio Cid*, que es un "cantar de gesta" (como, por ejemplo, la *Chanson de Roland*), o sea un romance de inusual extensión que cuenta una historia compleja con muchas alternativas, y por lo tanto no debemos dudar en considerarlo tan épico como los hechos de la Guerra de Troya.

Pero además de las épicas clásicas (que las hay en todas las literaturas) ya en tiempos romanos va surgiendo un tipo de narración que no sólo trata de acciones heroicas sino de asuntos más mundanos (por ejemplo, el *Satyricon* de Petronio), géneros que en la Edad Media van dejando el verso y adoptando la más maleable escritura de la prosa, cuyos paradigmas lo constituyen la **novela sentimental** y la **novela caballeresca**.

El *Amadís de Gaula*, de 1508, es el último representante genuino de esos "libros de caballería", cuyas andanzas fantásticas y llenas de ejemplos y fábulas instructivas provocaron la gran parodia cervantina en *Don Quijote de la Mancha*, que para muchos estudiosos es precisamente la primera novela moderna. De allí en más, el género se iría convirtiendo en el principal vehículo de la lectura literaria, con éxitos precoces espectaculares como *Robinson Crusoe* de Daniel Defoe en el siglo XVIII, o los primeros juegos de experimentación narrativa como el *Tristan Shandy* de Laurence Sterne.

El resto, como sabemos, es una historia que, aunque cada tanto resuene el sonsonete de "la muerte de la novela", sigue renovándose permanentemente y no tiene fin al menos a la vista.

La primera coincidencia entre Novela y Cuento es, naturalmente, que ambas cuentas historias. Pero ya en este terreno encontramos también sus diferencias. Mientras que en el Cuento, como hemos venido explicando en estas páginas, la concentración de la tensión dramática exige mantenerse en una trama única (o al menos fuertemente anclada por el tema), la novela contiene siempre una **historia principal** y otras historias a las que podríamos llamar **historias subsidiarias**. El atractivo diferencial de la Novela es precisamente éste, su carácter abierto, su capacidad para admitir el entrecruzamiento y ramificación de acciones y personajes, la posibilidad de incorporar todo tipo de elementos, ya sea en los procedimientos escriturales (diálogos, actas, cartas, crónicas periodísticas o históricas, monólogos, etc) como en las estrategias narrativas.

Eso no significa que, básicamente, en la novela no sea posible distinguir, como en el Cuento, una estructura básica que comprende una Presentación, Desarrollo y Desenlace; pero la forma en que se traman estos componentes es de mayor complejidad y variabilidad -y sobre todo flexibilidad- que en el Cuento. En sus formas actuales, podría decirse que la novela lo permite todo: incluso una larga monserga del narrador sobre sus consideraciones y posiciones filosóficas si lo desea (¿y qué es lo que hace, ya en el siglo XVIII, el marqués de Sade en sus novelas que sin embargo siempre han sido leídas básicamente como novelas eróticas?). Tanto, que un importante porcentaje de las novelas de las últimas décadas están basadas en la intención, precisamente, de hablar sobre la novela misma, como un perro que se muerde la cola.

Como consecuencia, el espacio discursivo que ofrece la novela es muchísimo más amplio que el del cuento (y como otra consecuencia que se desprende lógicamente de ello, el cuento como género es mucho más exigente en materia de rigor narrativo que la novela). Muchos de esos recursos narrativos que ambos géneros comparten, están desarrollados en este manual de técnicas narrativas. Pero otros, que son posibles solo en la novela, no sólo dependen mucho más de la inventiva y creatividad del autor, sino que abarcan un abanico tan amplio que analizarlos llevaría, como mínimo, otro libro.

Como en este sólo pretendemos, modestamente, introducir a los que han decidido iniciarse en el camino de la literatura narrativa en sus aspectos más básicos, prescindiremos por ahora de extendernos más. Con la aclaración, reitero, de que aunque estructuralmente Cuento y Novela sean de géneros de diferentes requerimientos, en todo lo demás que hace a las técnicas narrativas se nutren de los mismos procedimientos, y a ello vamos.

Los "niveles de realidad"

Sin pretender entrar en la cuestión de "qué es la realidad" (para ese tema, que es central en mi pensamiento, ya tengo mis escritos filosóficos, pero no es este el sitio adecuado), creo que es posible partir de una serie de convenciones que compartimos cuando nos referimos a la ficción narrativa.

Podemos decir que, grosso modo, sería comprensible dividir los "mundos posibles" de que hablaba Leibniz en dos fundamentales: el mundo real y los mundos fantásticos. La literatura de ficción también podría partir de ese supuesto. Ya sé que suena un poco contradictorio, ya que hemos dicho que el contrato básico que funda la ficción es el que establece que nada de lo que se cuenta en un cuento o novela es verdadero. Por lo tanto, todo es producto de la fantasía del autor. Pero esas tramas de fantasía se sitúan en unos espacios (ficticios), en unas lógicas (ficticias) y en unos tiempos (ficticios) que pueden ser reconocibles como parte de la realidad que identificamos como tal, o como alejadas de ella en diversos grados de distancia. La ciencia ficción puede utilizar hipótesis científicas, pero ocurre en un mundo que, por convención, llamamos Fantástico (irreal). Para simplificar: *Madame Bovary* ocurre en un nivel **real**; *Crónicas Marcianas* en uno **fantástico**.

Pero no es tan sencillo (además de las muchas gradaciones que ya veremos). Porque como sabemos, existe una Historia y una Narración, que no siempre son paralelas una a la otra (es más, me atrevería a decir que *nunca*). Es posible que el Narrador cuente su historia desde una ubicación en un nivel Real y también la trama y sus personajes se desarrollen en ese nivel Real (de nuevo usemos a *Madame Bovary*). Y también, naturalmente, que una historia localizada en el mundo Fantástico esté contada desde un Narrador que comparte ese nivel Fantástico (insistamos con *Crónicas marcianas*). Pero, ¿y si resulta que el plano del Narrador y el de la Historia no están en el mismo nivel?

En *Tlön, Uqbar, Orbis Tertius*, el Narrador se identifica con **Jorge Luis Borges**, quien en relación con amigos tan "reales" como Bioy Casares, Mastronardi y otros, comienzan a advertir el lento despliegue, en unas enigmáticas enciclopedias escritas por una especie de secta de conspiradores intelectuales, de un mundo Fantástico que, finalmente, invade y suplanta al Real. La Historia transcurre en un plano Fantástico, pero el Narrador está claramente ubicado en un plano Real. *En la línea*, de **Juan José Saer**, trata de unos amigos muy reales que hablan por teléfono entre Santa Fe y París y se cuentan una Historia contada en un manuscrito antiguo donde se entremezclan Realidad, Sueño y Fantasía; pero también en la Realidad, el protagonista imagina qué es lo que hace el amigo con el que está hablando por teléfono. Esta disolución voluntaria entre realidad y ficción es verdaderamente frecuente en la narrativa actual.

Los cruces e híbridos son muchos y notables, y hasta han dado lugar en la segunda mitad del siglo XX a uno de los géneros más prestigiosos de la literatura: el *realismo mágico*, que se sitúa decididamente, a mi juicio al menos, en el nivel Fantástico (aunque claro, son sus matices los que le dan ese carácter tan particular que pretende identificarlo a la realidad latinoamericana, aunque sea como mito moderno).

En este camino, también podríamos buscar diferentes planos al interior de cada uno de estos dos grandes géneros literarios. **Zola** - o **Robbe-Grillet** - y **Faulkner** – o **Proust** - son autores que podríamos llamar "realistas" (suponiendo que eso fuera posible), pero en los primeros predomina la búsqueda obsesiva de la "objetividad" mientras que en los otros dos es la "subjetividad" lo que mueve la narración.

Como vemos, una vez más las taxonomías no nos son útiles para meter como si fuera en cajones la producción única e individual de cada escritor; pero sí que nos dan ciertas pautas para orientarnos en este recorrido que apunta, en definitiva, a comprender – para poder usarlos – cuáles son y cómo funcionan los muy diversos recursos de que se compone la ficción literaria.

Construcción de escenarios y personajes

El personaje

Los personajes son los agentes fundamentales a través de los cuales se desarrolla la narración de una historia, y por lo tanto de la credibilidad que despierten en el lector depende en gran medida la efectividad del relato o la novela. Aunque obviamente hay personajes más importantes que otros en una narración, siempre será aconsejable prestar atención a la construcción de un perfil verosímil tanto en los protagonistas como en los secundarios. Los personajes deben mantenerse coherentes a través de toda su participación en la historia.

Claro que, como hemos dicho en su momento respecto a la narración en su conjunto, esa coherencia tiene que ver con la lógica propia de la construcción narrativa, no necesariamente con un criterio "realista". Cuando Kafka nos presenta las actitudes de Gregorio Samsa a lo largo de *La metamorfosis*, no hace actuar a su personaje como probablemente actuaría un ser humano en situación normal, sino obedeciendo a otra lógica diferente, que es la que desde el principio supone la ruptura del realismo que implica que alguien pueda despertarse una mañana convertido en una cucaracha y tomárselo con normalidad.

Cada autor tiene sus propios recursos y técnicas para construir un personaje, pero en función de sistematizar en lo posible estos recursos, aconsejaremos desarrollar esta construcción en tres pasos. Es aconsejable (aunque la verdad, los escritores casi nunca lo hacemos tan disciplinadamente) llevar una libreta donde ir asentando estos pasos. La memoria es traicionera, y a veces echar una mirada a unos apuntes previos nos previene rápidamente de la posibilidad de que un personaje tenga ojos verdes en el capítulo uno y marrones en el diecisiete.

En un primer momento, atenderemos a la descripción **física**. Imaginamos a nuestro personaje y tratamos de ofrecer una descripción lo más fina del mismo: altura, rasgos (rostro, ojos, cabello, etc, etc), contextura corporal. En fin, trataremos de pintar el retrato más ajustado posible del mismo. Atención a esto: lo dicho vale tanto para un hombre o mujer protagonistas de nuestro relato, como para un robot, un extraño homúnculo habitante de la Galaxia 2356 o un burro parlante. Acostumbrémonos a no quedarnos encerrados en los estrechos marcos del realismo.

El segundo paso es crearle una **personalidad**. Todos los seres humanos tenemos una serie de constantes psicológicas que se reiteran y determinan actitudes y reacciones ante los diferentes estímulos y situaciones que se presentan a lo largo de la vida. Esa personalidad psicológica no sólo se manifiesta en las reacciones y respuestas al entorno, sino en aspectos tales como hábitos consuetudinarios, formas de vestir, prejuicios sociales y educativos, etc. Esta segunda fase de la construcción del personaje tiene una relación muy importante con lo que vaya a ser su participación en la historia que se cuenta, ya que como todos sabemos, el desarrollo de la personalidad se basa en circunstancias específicas de la vida de cada uno: ubicación social, situación familiar, la relación con los otros con quien crece, la educación, los prejuicios de la sociedad, etc, etc. Obviamente, esas constantes de la psicología humana no se aplican a personajes tales como un robot o el habitante de otra galaxia, por lo tanto en esos casos no tendremos más remedio que *inventar- les* una lógica de actuación. Pero en eso no se diferen- ciarán tampoco de personajes realistas: al fin, unos y otros no son más que seres de ficción que *inventamos* con nuestra propia creatividad e imaginación nosotros, los autores.

Por fin, considero que falta todavía una tercera fase para construir un personaje que resulte verosímil. Y es que (nos mantenemos en el ámbito de un personaje humano sólo a título de ejemplo, pero vale para cualquiera) si bien los hombres y mujeres tenemos unos rasgos físicos propios y una personalidad más o menos definida, en realidad ningún ser humano actúa a lo largo de todas las circunstancias de su vida respondiendo rigurosamente a esos patrones. Precisamente son esos **"desvíos" del patrón** previsible de conducta, lo que da vida y carna- dura propia, individual, al personaje. Las historias más verosímiles y que más pueden atraer e impactar la emo- ción del lector, son aquellas donde el personaje rompe su "regla de actuación" y reacciona frente a una situa- ción de una manera imprevista. Olvidémonos ya de los "caracteres típicos en situaciones típicas", aquella espe- cie de dogma abstracto que muchos heredamos de un marxismo de escuela primaria. Es el rasgo individual, diferencial, lo que completa la encarnadura de un perso- naje. Y tener en cuenta ese dato es el tercer paso de la construcción de nuestro héroe (o antihéroe, o villano o lo que cada uno quiera hacer de él).

Señalamos permanentemente la importancia que tiene mantener a lo largo de nuestro relato una **lógica interna** (siempre insistiendo en que no se trata necesariamente de la lógica de la realidad, sino de una lógica propia del texto). En esta lógica del relato, también es fundamental la coherencia de los personajes. Cada carácter debe mantener sus señas de identidad durante todo el transcurso de la historia (a menos que uno de los elementos de la historia sea precisamente la incoherencia del carácter de algún personaje). No se trata siempre, tampoco, de construir una psicología para cada personaje. Una vez más, esto tiene que ver con las necesidades de cada relato. Hay historias en los que los personajes funcionan como meros prototipos sociales, o como agentes simbólicos dentro del texto, y no requieren por lo tanto una psicología propia. Por eso, más que hablar de psicología de los personajes, preferimos incluir esta construcción del personaje dentro de la mencionada lógica interna del texto. No olvidemos que un personaje literario no es una persona real, por tanto, no tiene más caracterizaciones psicológicas que las que el autor (a través del narrador) le adjudique. Pero siempre debe tener **coherencia** (por ejemplo, si el personaje es incoherente, debe serlo siempre).

Para caracterizar un personaje, existen una infinidad de recursos. En este texto de la novela *El viejo que leía novelas de amor*, del chileno **Luis Sepúlveda**, se utiliza esta descripción que, en un corto párrafo, nos permite imaginarnos rápidamente al personaje:

El doctor Loachamín odiaba al Gobierno. A todos y a cualquier Gobierno. Hijo ilegítimo de un emigrante ibérico, heredó de él una tremenda bronca a todo cuanto sonara a autoridad, pero los motivos de aquel odio se le extraviaron en alguna juerga de juventud, de tal manera que sus monsergas de ácrata se transformaron en una especie de verruga moral que lo hacía simpático.

Aquí se apela a una descripción externa: el narrador en tercera persona describe un par de hechos de la vida del personaje que inmediatamente nos dan una idea de su personalidad. Pero también la descripción puede manifestar las sensaciones del personaje, creando un TONO que permite captar su personalidad. Por ejemplo, en el principio de *La metamorfosis*, el narrador de **Franz Kafka** describe así el despertar de su personaje:

Cuando Gregorio Samsa se despertó una mañana después de un sueño intranquilo, se encontró sobre su cama convertido en un monstruoso insecto. Estaba tumbado sobre su espalda dura, y en forma de caparazón y, al levantar un poco la cabeza veía un vientre abombado, parduzco, dividido por partes duras en forma de arco, sobre cuya protuberancia apenas podía mantenerse el cobertor, a punto ya de resbalar al suelo. Sus muchas patas, ridículamente pequeñas en comparación con el resto de su tamaño, le vibraban desamparadas ante los ojos.

El narrador no describe a un Samsa que se despierta horrorizado, simplemente a alguien que "toma nota" de su estado anormal, como si fuera un hecho más de su vida. Obviamente, esto nos revela rápidamente a un personaje de personalidad anquilosada, al que todo "le resbala" o le da lo mismo. Es un detalle característico de un tono narrativo tan identificable que no en vano ha sido bautizado como "kafkiano", historias en donde la realidad transcurre de manera incomprensible y absurda pero como si fueran parte de la más absoluta normalidad, y ese tono burocrático y desapasionado es precisamente lo que nos exaspera y atrae.

El personaje también puede ser construido a través de una mirada exterior, que forma parte del entorno narrativo. En este fragmento de una novela de mi autoría (*Lazos de tinta*), un hombre ha fallecido y se incluyen dos necrológicas publicadas por diferentes periódicos del mismo pueblo. La intención es hacer notar, a través del tono de cada uno de los periódicos locales mencionados, las características ideológicas de sus propietarios. Uno de ellos dice:

"Hondo sentimiento de pesar ha causado la desaparición de un hombre vastamente conocido: don Ramón Sánchez. Un hombre excepcional en nuestra ciudad por la gran actividad que desarrollara, por su visión emprendedora y su cariño con el que se manejó en el paso de la vida terrenal. Nada fue difícil para don Ramón desde su juventud, que transcurrió en un ambiente de amistad, ayudado por su personalidad que sólo en él cabía, y que todo obstáculo hacía fácil ante su poder de simpatía y comprensión. La música lo atraía y en sus años mozos animaba los corsos integrando la tradicional "Comparsa Arlequines", célebre en la época. El deporte era su pasión permanente y el Club Social lo contó entre sus más fieles servidores integrando distintas comisiones y aportando toda su inteligencia al servicio de esta vieja y prestigiosa entidad que fue creciendo gracias a hombres como don Sánchez, que nunca le temió al fracaso, sabedor de que quien siembra, seguro que el tiempo le dará la razón y cosechará sus frutos. La política también fue su pasión y la UCR lo contó entre sus filas, ocupando en 1952 el cargo de Concejal por esta fracción partidaria, demostrando también en esto su personalidad y capacidad para el desempeño de tan importante misión comunitaria en épocas difíciles para nuestra nación cuando la demagogia imponía su régimen de silencio a quienes no comulgaban con sus prácticas. Fue creador y fundador de la Caja de Jubilaciones de Obreros Municipales, en otra de sus facetas de hombre emprendedor y siempre pensando en hacer el bien sin pretender a cambio nada que no sea el bienestar de los demás. Don Ramón Sánchez falle-

ció a los 77 años de edad, y sus restos fueron inhumados en el cementerio de esta ciudad, donde se puso de manifiesto el profundo pesar que ha causado su desaparición".

En cambio, el otro periódico (es un semanario en este caso, lo que ya señala que es un medio de menores recursos económicos), dice en su obituario:

"La inexorable ley de la vida nos va privando cada día de presencias físicas de esas que uno no quisiera tener que recordar en postrer homenaje. Pero la realidad es así, y sólo nos queda el consuelo de haber conocido a alguien que sirva de verdadero ejemplo en esta sociedad que cada día carece más de los auténticos valores que mueven el progreso y la justicia. Es este el caso de don Ramón Sánchez, recientemente fallecido. Era lo que comúnmente puede llamarse 'un tipo macanudo': simple, cordial, humano, ejemplar padre de familia, modesto, luchador, hacedor de muchas cosas buenas y sin otra aspiración que la de ser útil a sus congéneres. Fue Concejal por la Unión Cívica Radical en 1952, creador de la Caja de Jubilaciones para Obreros Municipales, activo dirigente del Club Social, y partícipe de un montón de cosas gratas. Fue un animador de la vida y la alegría de vivir. Sirve como ejemplo de humildad, dedicación, amor al prójimo y desprendimiento. El destino, que un día lo trajo a este mundo, sabía que un día se lo iba a llevar, y qué es lo que iba a ser de él. Y hoy que pasó, ese mismo destino nos lo recuerda: les dejé en el paso por la vida a Ramón Sánchez".

La primera impresión que el lector extrae de estos dos obituarios, es que se trata de periódicos de pueblo, lo que es fácil de reconocer dado que ambos estilos.- aunque diferentes entre sí- carecen de una redacción neutra y objetiva, como se supone la regla estricta de medios más profesionales, y revelan esa mentalidad pueblerina de sus autores que los lleva a tratar de escribir "con estilo". Sin embargo, aun identificándose en ese detalle, hay aspectos en ambos discursos que dan pautas de su ubicación ante su público, en este caso la sociedad del pueblo en el que se editan.

El primero narra la trayectoria del muerto tratando de mantener un estilo sobrio, solemne, lleno de referencias moralizantes: *"Un hombre excepcional en nuestra ciudad por la gran actividad que desarrollara, por su visión emprendedora y su cariño con el que se manejó en el paso de la vida terrenal"*. Para decir lo mismo, en cambio, el segundo intenta dar una imagen más cercana, campechana, del fallecido: *"Era lo que comúnmente puede llamarse 'un tipo macanudo': simple, cordial, humano, ejemplar padre de familia, modesto, luchador, hacedor de muchas cosas buenas y sin otra aspiración que la de ser útil a sus congéneres"*. La nota se cierra en el primer caso con un respetuoso lugar común: *"sus restos fueron inhumados en el cementerio de esta ciudad, donde se puso de manifiesto el profundo pesar que ha causado su desaparición"*.

En cambio, al autor del segundo obituario utiliza un tono más enfático y personal, pretendidamente literario: *"El destino, que un día lo trajo a este mundo, sabía que un día se lo iba a llevar, y qué es lo que iba a ser de él. Y hoy que pasó, ese mismo destino nos lo recuerda: les dejé en el paso por la vida a Ramón Sánchez"*. En este último medio, la referencia *"sirva de verdadero ejemplo en esta sociedad que cada día carece más de los auténticos valores que mueven el progreso y la justicia"* denota una declaración de principios de entonación ingenuamente progresista. En cambio, en el primero una referencia inequívoca (para quienes conozcan la historia argentina, al menos) habla de *"el desempeño de tan importante misión comunitaria en épocas difíciles para nuestra nación cuando la demagogia imponía su régi-*

men de silencio a quienes no comulgaban con sus prácticas", que en el contexto revela una identificación política declaradamente antiperonista.

En la lectura de ambas necrológicas, podemos percibir casi sin dudarlo que uno de los periódicos representa al sector "tradicional" de la sociedad local, mientras que el otro es su alternativa "populista". Como no podía ser de otro modo, el primer periódico se llama sobriamente "El sur", mientras que el otro es "La voz del pueblo".

El escenario

Nuestros personajes han de moverse y desarrollar su historia en un escenario, y ese escenario (o escenarios, dado que una misma narración puede transcurrir en diferentes planos) comprende siempre dos localizaciones: una física (podríamos llamarle **geográfica** para que resulte más fácil entender la idea), y otra **temporal**. O sea, toda narración cuenta una historia que transcurre en un **lugar** y en un **tiempo**.

Aunque una vez más vale la pena insistir en que en la ficción, por convención, todo es inventado (aunque pueda utilizar datos de la realidad), esa invención del mundo en el que se desarrollará la historia también deberá ser coherente, mantener una lógica interna que la haga verosímil. Si nuestra historia trascurre en el siglo XXXI en el planeta Mung, será necesario que tengamos (que inventemos) un concepto más o menos global de cómo funcionan las cosas en el planeta Mung. En cuanto a la localización temporal, la ventaja en este caso será que nadie podrá cuestionarnos que no somos coherentes con la manera en que transcurren las cosas en el siglo

XXXI, ya que nadie puede anticiparse al futuro. Pero si nuestra historia transcurre en Francia durante el reinado de Carlomagno, sin duda será conveniente conocer un poco, por lo menos, acerca de la realidad histórica de ese período.

Esta construcción de escenario implica, por lo tanto, un necesario proceso de **documentación**. En el caso del planeta Mung, convendrá registrar al menos en sus características más generales lo que nos inventemos (no hace falta tampoco que escribamos previamente la Enciclopedia Ilustrada de Mung, por supuesto). Y cuando nuestra historia se vaya a desarrollar en escenarios históricos, convendrá hacer una pequeña investigación acerca de cómo es (o era) la localización geográfica de la misma (cómo es la geografía francesa de la zona donde vaya a transcurrir nuestro relato, cómo eran las formas de vida y las costumbres de la sociedad de entonces, qué ciudades importantes podía haber en esa zona para la época, etc), y también qué acontecimientos relevantes ocurrieron contemporáneamente a la acción de nuestra proyectada narración (imaginen ustedes que se me ocurre relatar una historia de amor en Nagasaki en el año 1945 sin enterarme de que en ese momento explotaba allí una bomba atómica).

Por suerte para nosotros, escritores de tiempos cibernéticos, la tarea es más sencilla que para nuestros predecesores. Autores como Balzac o Stendhal pasaban necesariamente interminables horas en bibliotecas o archivos para documentarse (es fama que los autores de bestsellers hasta casi fin del siglo XX contaban con equipos nutridos de amanuenses que investigaban ese tipo de cosas y se las documentaban al autor). A nosotros nos basta con hacer click en el botón de la Wikipedia.

Quizás alguien pueda cuestionar este afán documentario, argumentando que hay muchas historias (cuentos y novelas) donde no se hace ninguna referencia al entorno histórico, y eso es una gran verdad. Hay autores que son capaces de contar una historia de angustias existenciales sin mencionar ni por un momento que justo en la época y el país donde presuntamente transcurre la narración justo había una guerra en ese momento. Y es válido. Pero al menos, si quiere ser creíble, el autor deberá tener una idea de las costumbres, hábitos, prejuicios sociales de la época. Aunque vivan encerrados en un cuarto sin saber lo que pasa ni siquiera en su ciudad, unos personajes de una narración que transcurra en agosto de 1995 no pueden vestirse con jubón puntillado y pelucas empolvadas (a menos que estén en Carnaval o en una fiesta de disfraces, claro).

Entre el homúnculo del planeta Mung y Jean Valjean, nuestros personajes podrán habitar escenarios de lo más variados, algunos con predominio de lo realista y otros de lo fantástico, pero en cualquier de los casos, la regla de oro es la coherencia interna. En el mundo de Macondo, Remedios la Bella puede ascender a los cielos como la Virgen María, pero el coronel Aureliano Buendía no puede usar una pistola Browning 9 milímetros ni ser partidario del comunismo soviético. Documentarse, en el sentido de **investigación** o en el de **invención**, es fundamental para lograr una buena narración literaria. Al menos, es mi consejo.

El Tiempo en la narración

Uno de los recursos más importantes con que cuenta un escritor para llevar a sus lectores por el camino de su narración, es la utilización del TIEMPO y el RITMO del texto, lo que llamamos **Tiempo Narrativo**. Es obvio que una vez más, el tiempo de la realidad (el tiempo de la acción, suponiendo que no se tratase de una ficción sino de una acción real) no coincide –salvo intencionadamente- con el tiempo de la narración. En el cuento o la novela, el Tiempo es también una ficción, y el autor debe crear en el lector la *sensación* de su paso, y para ello cuenta con una cantidad de recursos que hacen que el lector pueda recrear ese paso del tiempo siempre en relación con las necesidades del relato. Un mes del tiempo de la acción, puede despacharse perfectamente en un párrafo de texto si sólo se mencionan en esa descripción los datos que tengan relevancia para la comprensión de la historia. Por el contrario, las 24 horas que transcurren a lo largo del *Ulises* de **James Joyce**, requieren una cantidad muchísimo mayor de tiempo para poder ser leídas: en este caso, el tiempo de la narración es incluso superior al de la propia acción.

Como probablemente ocurra también en la vida (prefiero no meterme en temas tan filosóficos por ahora), hay un *tiempo cronológico* que no coincide, a menudo en absoluto, con el *tiempo psicológico*. Uno es el de los relojes, el que transcurre rítmica e inexorablemente en la dirección irreversible que señala la "flecha del tiempo" regida por la Segunda Ley de la Termodinámica. El otro es el que experimentamos subjetivamente, al arrastre de nuestras propias sensaciones, ligadas a los sentimientos de placer o displacer que nos producen las circunstancias. Diez minutos de amor o diez minutos de espera hacen oscilar igual el minutero, pero de modo muy diferente nuestra mente.

En *El milagro secreto*, cuento de **Jorge Luis Borges**, un escritor que está por ser fusilado recibe de Dios un año de plazo para terminar de escribir el libro que ha tenido siempre en su mente. Cuando pone el punto final, las balas de los fusiles siegan su vida: su año ha transcurrido entre la orden de "fuego" y el fogonazo asesino. Sin llegar a este paroxismo, podríamos decir que aunque el escritor quiera y pueda disimularlo hábilmente, en la ficción narrativa el tiempo es siempre subjetivo. Es la vivencia de los Personajes (y la del Narrador, que como hemos visto es también un personaje porque está *dentro del texto*) la que marca el desarrollo temporal de la narración. De lo contrario, el tiempo de la lectura coincidiría exactamente con la acción que transcurre. Y aun cuando fuera así, esto sería un efecto intencional, un truco del autor.

Como es natural, un Narrador cuenta siempre *desde* un momento de la Historia, el momento al que podríamos llamar **Presente de la Narración**. Algunos momentos de la Historia han de coincidir con el suyo, aunque más no sea el que se tarda en contar que está contando. Otros momentos de la Historia transcurrirán en el Pasado - antes del Presente de la Narración -, y quizás los haya también en el Futuro – después del Presente de la Narración-. Pero no olvidemos, y esto es esencial, que aquí no estamos hablando del Protagonista, sino del Narrador. El Narrador puede ubicar al protagonista en un Presente, y contar cosas de su Pasado y de su Futuro; pero en ese caso lo hará siempre desde el Futuro. El Presente de la Narración será sin duda ubicado en el Futuro del Protagonista, porque es obvio que la Historia se cuenta después de terminada. Pero también podría ocurrir que la narración se cuente en un presente permanente, provocando la sensación de que está transcurriendo al mismo tiempo que el Narrador la relata. En ese caso, el Futuro sólo podría ingresar como imaginación, y el Pasado como recuerdo.

Pero ante todo, tenemos que diferenciar claramente el **Tiempo de la Historia** del **Tiempo de la Narración**. ¿Qué quiero decir con esto?

Supongamos que voy a narrar la vida de Juan. La Historia de la vida de Juan tiene indudablemente una línea cronológica: en el punto 0 está su nacimiento y en el punto 10, pongamos, su muerte. Por supuesto, también se pueden contar hechos ocurridos antes del nacimiento de Juan, pero entonces ya el **Tiempo de la Historia** no sólo empezaría al nacer Juan, sino en el momento más lejano que sea relatado. Simplifiquemos tomando el primer caso. Entre el 0 y el 10 habrá numerosos sucesos: en el 2 Juan toma la primera comunión, en el 5 conoce a su mujer, en el 8 conquista Pomerania. Pero tal como podemos ver en nuestras propias lecturas, la vida de Juan nunca (o casi nunca, salvo en las biografías) se cuenta en una novela en el mismo orden en que ocurrió (cuando así ocurre, por lo general la narración resulta aburridísima). El **Tiempo de la Narración** es un tiempo decidido por el escritor y desenvuelto a través de la voz de su Narrador, que le permite elegir la secuencia narrativa más adecuada a los efectos que quiere producir en el lector, y seleccionar de la vasta e inabarcable serie de los minutos de vida de su Protagonista sólo los que sirvan para llevar la Trama a buen puerto. Por ejemplo, empezar por la conquista de Pomerania (punto 8 de la línea cronológica), y luego relatar acontecimientos anteriores y posteriores ordenándolos de manera que resulten funcionales al relato. Este complicado paso de unos tiempos a otros requiere una cuidadosa utilización de los tiempos verbales, a través de las técnicas llamadas "flash back" y "flash forward" (o sea, un movimiento hacia atrás o hacia adelante en la Historia). Es el caso espectacular, que ya citamos, del comienzo de *Cien años de soledad*, en donde los dos procedimientos se efectúan en el mismo párrafo.

Por lo tanto, el Tiempo de la Narración puede utilizar básicamente los tres tiempos verbales disponibles, en sus diferentes variantes. El Presente para hablar del ahora de la acción (que es el punto temporal **desde donde** se cuenta la Historia, lo que hemos dado en llamar Presente de la Narración); el Pretérito para lo que ocurrió en el pasado; y el Futuro para, obviamente, hablar del futuro.

No es momento para una clase de gramática. Sólo recordaremos que, básicamente, el Presente Simple (Juan *camina*) nos hace relatar acciones que están transcurriendo, el Futuro las que vendrán (Juan *caminará*), el Pretérito Indefinido las que ocurrieron (Juan *caminó*) y el Pretérito Imperfecto las que ocurrieron con continuidad o en una circunstancia indefinida (Juan *caminaba*). Brindándonos las principales opciones de discurso narrativo, incluyendo la posibilidad de que alguien haga algo en circunstancias en que otro hace otra cosa (Juan *caminaba* cuando el camión *pasó*). Y con especial atención a ese tiempo traicionero que es el Pretérito Pluscuamperfecto, que nos permite relacionar dos sucesos que ocurrieron en diferentes momentos del pasado (Juan ya *había caminado* mucho tiempo cuando el camión *pasó*). Hay más combinaciones, desde luego.

Por supuesto que un autor, a través del Narrador, tiene el privilegio de poder detener y acelerar los tiempos narrativos a su gusto. Claro que "su gusto" no es un mero capricho -como no nos cansaremos de señalar- sino el producto de la necesidad que se impone en relación a la sensación que quiere producir en el lector. En este cuento de **Juan Rulfo**, autor mexicano ("Es que somos muy pobres", de *El llano en llamas*), hace falta crear un clima que enmarque coherentemente la historia, caracterizando esa fatalidad que parece ser una condena crónica para los personajes, y el narrador llega así, del tirón, al asunto del relato:

Aquí todo va de mal en peor. La semana pasada se murió mi tía Jacinta, y el sábado, cuando ya la habíamos enterrado y comenzaba a bajársenos la tristeza, comenzó a llover como nunca. A mi papá eso le dio coraje, porque toda la cosecha de cebada estaba asoleándose en el solar. Y el aguacero llegó de repente, en grandes olas de agua, sin darnos tiempo ni siquiera a esconder aunque fuera un manojo; lo único que pudimos hacer, todos los de mi casa, fue estarnos arrimados debajo del tejaván, viendo cómo el agua fría que caía del cielo quemaba aquella cebada amarilla tan recién cortada.

Y apenas ayer, cuando mi hermana Tacha acababa de cumplir doce años, supimos que la vaca que mi papá le regaló para el día de su santo se la había llevado el río.

La acción ocurre aceleradamente, para llegar inmediatamente a la cuestión que va a dar origen a la historia misma: la función de lo que se narra antes es ubicar al lector en un clima, una atmósfera de pobreza y resignación por la fatalidad del destino adverso, que va a permitir que encontremos coherencia en el desarrollo de los personajes en la historia; por lo tanto no hace falta detenerse en detalles ni descripciones gratuitas, se va a lo esencial.

El tiempo narrativo avanza según la sensación que se quiera transmitir al lector. Para lograr estas sensaciones existen recursos de todo tipo, pero fundamentalmente se basan por un lado, en el manejo de los verbos que denotan la acción, y por otro en la intercalación o no de detalles que constituyen, como hemos dicho en otras ocasiones, la elección de un cierto "recorte" de la realidad ficticia que se pretende narrar. Un aspecto que se debe cuidar mucho en este tipo de recursos descriptivos, es no caer en lo posible en los lugares comunes (las descripciones muy generales, por ejemplo, suelen crear la sensación de algo muy impersonal) y tener en cuenta que el uso de descripciones muy particularizadas (a veces) suele ser muy útil para reforzar el efecto de verosimilitud de una escena. Este párrafo corresponde a la novela *Un hombre en la oscuridad*, de **Paul Auster**:

El jeep reduce la velocidad y va deteniéndose poco a poco. Cuando Virginia apaga el motor, Brick abre los ojos y descubre que ya no está en el centro de Wellington. Han llegado a una calle de un próspero barrio residencial de grandes mansiones estilo Tudor con jardines de césped inmaculado, macizos de tulipanes, arbustos de forsitias y rododendros, la infinitud de atributos de la buena vida. Al bajarse del jeep, sin embargo, echa un vistazo alrededor y observa que varias casas de la misma calle se encuentran en estado ruinoso:

ventanas rotas, muros calcinados, boquetes abiertos en la fachada, espacios abandonados en donde antes vivía gente.

La descripción es detenida, sin llegar a ser morosa, y el lector comparte la velocidad en que están actuando los personajes. El detalle del tipo de flores que hay en los jardines mejora la sensación de realidad (o, como mejor decimos, de verosimilitud). Es un tipo de descripción de acción muy típica de la narrativa anglosajona.

Es bueno observar que mientras más cortas son las frases, la acción parece desarrollarse con mayor agilidad: **Hemingway**, por ejemplo, es uno de los maestros innegables en el manejo del tiempo narrativo en inglés.

Otras dos personas habían entrado al restaurante. En una oportunidad George fue a la cocina y preparó un sándwich de jamón con huevos "para llevar", como había pedido el cliente. En la cocina vio a Al, con su sombrero hongo hacia atrás, sentado en un taburete junto a la portezuela con el cañón de un arma recortada apoyado en un saliente. Nick y el cocinero estaban amarrados espalda con espalda con sendas toallas en las bocas. George preparó el pedido, lo envolvió en papel manteca, lo puso en una bolsa y lo entregó. El cliente pagó y salió.

Es una escena de *Los asesinos*. Este cuento, uno de los mejores ejemplos de manejo del tiempo narrativo, utiliza fundamentalmente el diálogo para lograr el efecto de velocidad. Casi toda la narración se desarrolla en el intercambio de diálogos entre los diferentes personajes, y el narrador interviene apenas para marcar alguna acotación y acelerar la acción, como es el caso del párrafo citado.

Uno de los mayores ejemplos del uso del tiempo narrativo para crear el clima en el que se desenvuelve la historia, es precisamente un ciclo (compuesto por siete novelas ligadas entre sí) que en su propio título general revela su intención: *En busca del tiempo perdido*. En estas historias centradas en un determinado momento de la vida del personaje protagónico, y en unos lugares y situaciones que tratan de indagarse y esclarecerse a partir de la ilación del recuerdo, **Marcel Proust** utiliza un tiempo narrativo extraordinariamente moroso, que avanza muy lentamente y vuelve a cada rato hacia su objeto para encontrarle nuevas facetas, nuevos elementos que se suman a la comprensión de su propia vida (ese "tiempo perdido"), que el protagonista busca a través de la exploración de sus recuerdos.

Me volvía a dormir, y a veces ya no me despertaba más que por breves instantes, lo suficiente para oir los chasquidos orgánicos de la madera de los muebles, para abrir los ojos y mirar al caleidoscopio de la oscuridad, para saborear, gracias a un momentáneo resplandor de conciencia, el sueño en que estaban sumidos los muebles, la alcoba, el todo aquel del que yo no era más que una ínfima parte, el todo a cuya insensibilidad volvía yo muy pronto a sumarme. Otras veces, al dormirme, había retrocedido sin esfuerzo a una época para siempre acabada de mi vida primitiva, me había encontrado nuevamente con uno de mis miedos de niño, como aquel de que mi tío me tirara de los bucles, y que se disipó –fecha que para mí señala una nueva era- el día que me los cortaron. Este acontecimiento había yo olvidado durante el sueño, y volvía a mi recuerdo tan pronto como acertaba a despertarme para escapar de las manos de mi tío: pero, por vía de precaución, me envolvía la cabeza con la almohada antes de tomar el mundo de los sueños.

Vale la pena observar cómo el encadenamiento de imágenes y recuerdos, que exige la utilización de reiteradas oraciones incluidas, y la consiguiente utilización de las comas, hacen que la narración avance trabajosamente, produciendo en el lector la sensación de la manera involuntaria pero al mismo tiempo detenida en que van apareciendo los pensamientos. El escritor argentino **Juan José Saer**, en su cuento *La mayor*, juega con este uso del tiempo, llevándolo hasta el paroxismo, como veremos, con una doble intención: por un lado, sobre un asunto que lo obsesiona en muchas de sus obras, que es el de la "inagotabilidad" de la realidad cuando se trata de narrarla (lo que demostraría la imposibilidad de la literatura presuntamente "realista"); por otro, con el tema en sí mismo, que en este caso es la escena que da fundamento a todo el ciclo proustiano. Se trata de aquella famosa escena en la que el protagonista moja una galletita (una magdalena, en las traducciones españolas) en una taza de té, y cuando la muerde el sabor le trae automáticamente la evocación de un momento de su pasado, una sensación que de algún modo fundamenta toda la técnica narrativa utilizada a través de los ocho libros. Así narra Saer los pensamientos de su propio protagonista.

Otros, ellos, antes, podían. Mojaban, despacio, en la cocina, en el atardecer, en invierno, la galletita, sopando, y subían, después, la mano, de un solo movimiento, a la boca, mordían y dejaban, durante un momento, la pasta azucarada sobre la punta de la lengua, para que subiese, desde ella, de su disolución, como un relente, el recuerdo, masticaban despacio y estaban, de golpe ahora, fuera de sí, en otro lugar, conservado mientras hubiese, en primer lugar, la lengua, la galletita, el té que humea, los años: mojaban, en la cocina, en invierno, la galletita en la taza de té, y sabían, inmediatamente, al probar, que estaban llenos, dentro de algo y trayendo, dentro, algo, que habían, en otros años, porque había años, dejado, fuera, en el mundo, algo, que se podía, de una u otra manera, por decir así, recuperar, y que había, por lo tanto, en alguna parte, lo que llamaban o lo que creían que debía ser, ¿no es cierto?, un mundo. Y yo ahora, me llevo a la boca, por se-

gunda vez, la galletita empapada en té y no saco, al probarla, nada, lo que se dice nada. Sopo la galletita en la taza de té, en la cocina, en invierno, y alzo, rápido, la mano, hacia la boca, dejo la pasta azucarada, tibia, en la punta de la lengua, por un momento, y empiezo a masticar, despacio, y ahora que trago, ahora que no queda ni rastro de sabor, sé, decididamente, que no saco nada, pero nada, lo que se dice nada.

Probablemente, la muestra más acabada de "detenimiento" en el tiempo narrativo sea el utilizado en el llamado "*noveau roman*" francés de mediados del siglo XX (el propio Saer sin duda le debe mucho a este estilo, aunque él lo utilice en función paródica). Pero aprovecharemos a estos escritores para hablar, más adelante, de los estilos de lenguaje.

Flash back, flash forward

Como su denominación inglesa perfectamente los identifica, estos son dos habituales recursos estilísticos que permiten que el Narrador pueda relatar acontecimientos ocurridos antes o después del Presente de la Narración. Como ya hemos dicho, no es normal (porque no suele ser lo más efectivo) que una narración avance cronológicamente de manera paralela al Tiempo de la Historia. Este recurso consiste en una intercalación en medio del Presente de la Narración (que, no olvidemos, no tiene por qué estar gramaticalmente relatado en Presente, lo más habitual suele ser el Pretérito Indefinido), de relatos ubicados en el Pasado e incluso, en el Futuro del protagonista.

En la historia de la narrativa existen miles, o tal vez millones de ejemplos, pero quizás podamos entender rápidamente este concepto descomponiendo el primer párrafo de los célebres *Cien años de soledad* de **García Márquez**, libro que hemos ya caracterizado como uno de los más brillantes en el uso del recurso.

"Muchos años después, frente al pelotón de fusilamiento, el coronel Aureliano Buendía habría de recordar aquella tarde remota en que su padre lo llevó a conocer el hielo. Macondo era entonces una aldea de veinte casas de barro y cañabrava construidas a la orilla de un río de aguas diáfanas que se precipitaban por un lecho de piedras pulidas, blancas y enormes como huevos prehistóricos. El mundo era tan reciente, que muchas cosas carecían de nombre, y para mencionarlas había que señalarlas con el dedo. Todos los años, por el mes de marzo, una familia de gitanos desarrapados plantaba su carpa cerca de la aldea, y con un grande alboroto de pitos y timbales daban a conocer los nuevos inventos. Primero llevaron el imán. Un gitano corpulento, de barba montaraz y manos de gorrión, que se presentó con el nombre de Melquíades, hizo una truculenta demostración pública de lo que él mismo llamaba la octava maravilla de los sabios alquimistas de Macedonia. Fue de casa en casa arrastrando dos lingotes metálicos, y todo el mundo se espantó al ver que los calderos, las pailas, las tenazas y los anafes se caían de su sitio, y las maderas crujían por la desesperación de los clavos y los tornillos tratando de desenclavarse, y aun los objetos perdidos desde hacía mucho tiempo aparecían por donde más se les había buscado, y se arrastraban en desbandada turbulenta detrás de los fierros mágicos de Melquíades. «Las cosas tienen vida propia —pregonaba el gitano con áspero acento—, todo es cuestión de despertarles el ánima»".

Como es fácil de apreciar, el grueso del párrafo es un **flashback**: "Macondo era entonces…" hasta el final, no es más que la descripción de unos hechos ocurridos en el Pasado remoto, que el Narrador relata como un recuerdo del coronel Aureliano Buendía. Pero la primera frase, magistralmente, retuerce los tiempos y abre el párrafo con un rutilante **flashforward**. Descubramos por qué.

Dijimos que existe un tiempo al que hemos llamado Presente de la Narración, que es el momento temporal en que el Narrador *está contando* la historia. Es obvio que, como hemos dicho, todo el contenido del recuerdo del coronel que hemos señalado ocurre en un tiempo anterior al momento en que el narrador está contando la historia: un Pasado.

Pero si analizamos los tiempos verbales de la primera frase,

"Muchos años después, frente al pelotón de fusilamiento, el coronel Aureliano Buendía habría de recordar aquella tarde remota en que su padre lo llevó a conocer el hielo".

encontraremos que ese acontecimiento (el recuerdo del coronel) ocurre *después* del momento en el que se ubica el narrador que lo está contando, o sea en un Futuro.

Desde el Presente de la Narración, el Narrador cuenta en un **flashforward** que el coronel, "muchos años después", recordará algo, e inmediatamente da un giro contándonos, mediante un **flashback**, el recuerdo del coronel. Así dicho parece fácil, ¿no?

118

Tono y atmósfera
El trabajo sobre los sentidos

Otro de los recursos esenciales en el uso del lenguaje literario tiene que ver con la descripción de sensaciones. La transmisión de percepciones sensoriales puede ser fundamental para la creación de atmósferas, algo que es una de las claves del éxito y la efectividad de un relato.

Entendemos por **atmósfera** un cierto clima (no en sentido de temperatura sino de tensión dramática: aunque como las palabras siempre pueden ser metáforas, así como una *atmósfera* es un *clima*, podría ser también una *temperatura*) que envuelve y contiene el acontecimiento que se va a narrar. Una tensión que flota a lo largo de la narración, que predispone al lector a percibir los hechos de la manera emocional que el escritor pretende hacerle percibir.

Realzar las maneras particulares de percibir la realidad a través de sus impresiones sensoriales también resulta sumamente útil a la hora de dar consistencia psicológica a la creación de un personaje: la forma de oír, de oler, de mirar, son características que definen siempre a un personaje; y por consiguiente, pueden ser perfectamente funcionales a la narración. En *El corazón delator* de

Edgar Alan Poe, hay varios ejemplos claros de este uso de las impresiones sensoriales del personaje.

La enfermedad había agudizado mis sentidos, en vez de destruirlos o embotarlos. Y mi oído era el más agudo de todos. Oía todo lo que puede oírse en la tierra y en el cielo. Muchas cosas oí en el infierno.

Eso dice el protagonista en el primer párrafo del cuento, y efectivamente veremos al final que esa obsesión por la creencia de que posee un especial sentido de la audición será lo que lo pierda.

En otros casos, el personaje suele ligar en paralelo momentos y situaciones a determinadas impresiones sensoriales, como ya hemos visto en la escena de la galletita mojada en el té de *En busca del tiempo perdido*; o en esta frase de *Esther Primavera*, de **Roberto Arlt**:

Mis sobresaltos rojos palidecen en sucesivas bellezas de recuerdo. Nombrarla es recibir de pronto el golpe de una ráfaga de viento caliente en mis mejillas frías.

Otras narraciones basan casi exclusivamente el desarrollo de la trama en determinadas percepciones sensoriales del protagonista, como es el caso de *El perfume*, de **Patrick Suskind**. Y en general, aunque no podemos detenernos más extensamente en el tema la descripción de la manera que tiene un personaje de percibir la realidad a través de sus sentidos es un recurso muy valioso para conseguir construir a ese personaje dentro de la lógica interna textual que es imprescindible para la eficacia de un relato.

Como todos sabemos, los seres humanos percibimos la realidad externa a través de *cinco sentidos corporales*:

la **vista**, el **oído**, el **olfato**, el **tacto** y el **gusto**. Ejercitarnos en la tarea de describir esas sensaciones elementales es fundamental para conseguir no sólo verosimilitud realista, sino abrir el campo de nuestro propio léxico y tramar corporalidad con imaginación.

El procedimiento es muy simple (aunque los resultados no son tan simples de conseguir, claro): basta con escribir a partir de poner de relevancia uno de los sentidos a la vez, mejor todavía si lo hacemos a partir de un objeto concreto (en estos casos puede ser muy útil la ayuda de un grabador). Cerrar los ojos y tratar de describir con palabras los sonidos que nos invaden. Cerrar los ojos y palpar la cara de un compañero. Cerrar los ojos y tratar de describir los aromas que nos envuelven. Cerrar los ojos (o no) e introducirnos en la boca algún bocado tratando de describir las sensaciones de nuestra lengua y paladar. Y por supuesto, el que más utilizamos normalmente, de manera espontánea, en nuestras narraciones: mirar algo y describirlo en sus detalles más ínfimos. Sin por eso olvidar, como hemos reflexionado en las primeras páginas de este libro, que la realidad es "incontable", "inagotable" a las posibilidades del lenguaje, y por lo tanto siempre que describamos algo, utilizando el sentido que sea, inevitablemente tendremos que elegir un recorte de esa percepción.

El tono de la narración

Llamamos **tono** a la creación de una actitud emocional frente al texto que se está narrando. De esta manera, de algún modo "se pone sobre aviso" al lector acerca de cuál es emoción conque debe afrontar la lectura.

No es lo mismo describir al mismo personaje de este modo:

El rostro de Juan era alargado, con mejillas enrojecidas, orejas prominentes y una nariz aguileña que destacaba su perfil.

Que así:

Juan tenía un perfil anguloso como si hubiera sido tallado con un cuchillo de cocina, los cachetes rojillos del perpetuo borrachín, orejas como dos plantas de coliflor y una nariz aguda que parecía estar siempre en actitud de husmear el ambiente.

Lo mismo podría ocurrir con cualquier otro tipo de descripción, sean objetos, escenarios o situaciones.

Esta actitud emocional se obtiene mediante un uso particular del lenguaje, que utiliza estrategias específicas para transmitir su emoción activa hacia lo que está contando. Adjetivaciones, morosidad o detalles pueden ser algunos de los recursos que se expresan en un **tono** de lenguaje que debe ser coherente en todo el relato.

No existe, desde luego, una clasificación estricta de esos lenguajes, ya que su posibilidad depende de la creatividad del escritor, pero podríamos decir que entre los más usuales se encuentran los tonos **trágico, paródico, irónico, cómico, formal, informal, realista, expresionista, objetivista, fantástico, zumbón, cínico, moralista, periodístico**, etc, etc (como vemos, la lista podría ser infinita).

Para tomar algunos ejemplos, podríamos citar:

El **lenguaje objetivista**, muy utilizado por la *noveau roman* francesa de los 60-70, y que puede comprenderse leyendo este texto extraído de una novela de uno de los máximos exponentes del género, **Alain Robbe Grillet**:

La tercera imagen lo muestra otra vez de pie; pero ahora Kim está medio tendida cerca de él en el borde de un diván con la ropa revuelta. (¿Se veía ya antes el diván en este cuarto?) La muchacha va vestida con el mismo traje ceñido, abierto lateralmente según la moda china, cuya delgada seda blanca, sin duda en contacto directo con la piel, forma en la cintura una multitud de diminutos pliegues dispuestos en abanico, producidos por la torsión muy marcada que afecta al cuerpo largo y flexible. Un pie se apoya en el suelo con la punta del zapato de tiras; el otro, descalzo pero enfundado aún en su media transparente, descansa en el borde extremo del colchón, mientras la pierna, doblada en la rodilla, se libera, en la medida de lo posible, de la estrechez de la falda por la abertura lateral; el muslo opuesto (o sea el izquierdo) se aplica en toda su longitud por su cara externa, hasta la cadera, a las mantas deshechas, mientras el busto se yergue sobre un codo (el codo izquierdo) volviéndose hacia el lado derecho. La mano derecha, abierta, se extiende sobre la cama, con la palma ofrecida y los dedos apenas curvados. La cabeza está un poco inclinada hacia atrás, pero la cara ha conservado su faz de cera, su sonrisa petrificada, sus ojos enteramente abiertos, su total ausencia de expresión. Manneret, por el contrario, presenta los rasgos tensos de quien observa con atención febril el desarrollo de un experimento, o de un crimen. Está tan inmóvil como su compañera, cuyo semblante indescifrable escruta, como si esperara que por fin se produjese en él algún signo esperado, o temido, o imprevisible. Una de sus manos avanza, en un ademán contenido, quizá pronta a intervenir. Con la otra sostiene una copa de cristal muy fino, cuya forma recuerda la de una copa de champán, pero más pequeña. Queda un resto de líquido incoloro en su fondo.

O este párrafo del escritor argentino **Juan José Saer**:

No hay, al principio, nada. Nada. El río liso, dorado, sin una sola arruga, y detrás, baja, polvorienta, en pleno sol, su barranca cayendo suave, medio comida por el agua, la isla. El Gato se retira de la ventana, que queda vacía, y busca, de sobre las baldosas coloradas, los cigarrillos y los fósforos. Acuclillado enciende un cigarrillo, y, sin sacudirlo, entre el tumulto de humo de la primera bocanada, deja caer el fósforo que, al tocar las baldosas, de un modo súbito, se apaga. Vuelve a acodarse en la ventana: ahora ve al Ladeado, montado precario en el bayo amarillo, con las piernas cruzadas sobre el lomo para no mojarse los pantalones. El agua se arremolina contra el pecho del caballo. Va emergiendo, gradual, del agua, como con sacudones levísimos, discontinuos, hasta que las patas finas tocan la orilla.

El **lenguaje expresionista**, que utiliza elementos propios de la caricatura, con adjetivaciones a menudo grotescas y sobre todo muy remarcadas. Veamos por ejemplo estas frases sacadas de *El juguete rabioso*, de **Roberto Arlt**.

¡Gente memorable! Tres varones y dos hembras, y la casa regida por la madre, una señora de color de sal con pimienta, de ojillos de pescado y larga nariz inquisidora, y la abuela encorvada, sorda y negruzca como un árbol tostado por el fuego.

...

Era cargado de espaldas, carisumido y barbudo, y por añadidura algo cojo, una cojera extraña, el pie redondo como el casco de una mula con el talón vuelto hacia afuera.

...

Bajo la visera del sombrero verde, el rostro de Hipólita, bañado por el resplandor solar, apareció más fino y enérgico que una mascarilla de cobre. Sus ojos examinaban irónicamente el rostro romboidal del Astrólogo, aunque se sentía dominada por él.

...

Habían llegado casi al final de la quinta. Más allá de los alambrados se distinguían oquedades veladas por movedizas neblinas de aluminio. En un montículo, aislado, apareció un árbol cuya cúpula de tinta china estaba moteada de temblorosas hoces verdes.

El **lenguaje regionalista** busca la identificación del lector con un determinado ambiente, y se caracteriza por la utilización de términos y expresiones propias del entorno cultural o geográfico en donde está localizada la historia. Esto puede ocurrir simplemente en las expresiones dialogales o monologales de los personajes. Este monólogo pertenece al cuento "Acuérdate", del mexicano **Juan Rulfo**.

Pero te debes acordar de él. Acuérdate que le decíamos el Abuelo por aquello de que su otro hijo, Fidencio Gómez, tenía dos hijas muy juguetonas: una prieta y chaparrita, que por mal nombre le decían la Arremangada, y la otra, que era retealta y que tenía los ojos zarcos; y que hasta se decía que ni era suya y que por más señas estaba enferma del hipo. Acuérdate del relajo que armaba cuando estábamos en misa y que a la mera hora de la Elevación soltaba su ataque de hipo, que parecía como si se estuviera riendo y llorando a la vez, hasta que la sacaban afuera y le daban tantita agua con azúcar y entonces se calmaba. Ésa acabó casándose con Lucio Chico, dueño de la mezcalera que antes fue de Librado, río arriba, por donde está el molino de linaza de los Teódulos.

Pero también pueden convertirse en un recurso propio del Narrador, como ocurre habitualmente con el propio Rulfo.

El **lenguaje epistolar**, como su nombre lo indica, utiliza los estilos y modalidades propias del intercambio de correspondencia entre los protagonistas. Es el caso de este fragmento de *Boquitas pintadas*, novela de **Manuel Puig**.

Querida Doña Leonor:

Esta tarde al volver de comprarles unas cosas a los chicos en el centro, me encontré con su carta. Sentí un gran alivio al saber que Juan Carlos se confesó antes de morir y que esté sepultado cristianamente. Dentro de todo es un consuelo muy grande. ¿Usted cómo anda? ¿Está un poco más animadita? Yo sigo todavía muy caída.

Ahora me voy a tomar un atrevimiento. Cuando él se fue a Córdoba la primera vez me escribió unas cuantas cartas de novio a Vallejos, decía cosas que yo nunca me las olvidé, yo eso no lo debería decir porque ahora soy una mujer casada con dos hijos sanos, dos varones, uno de ocho y otro de seis, que Dios me los conserve, y no tendría que estar pensando en cosas de antes, pero cuando me despierto a la noche se me pone siempre que sería un consuelo volver a leer las cartas que me escribió Juan Carlos.

El **lenguaje paródico** coloca al lector en una referencia inmediata basada en alguna otra obra literaria, o situación histórica, etc, con el fin de dejar sentada una intención de algún modo burlesca respecto a la referencia en cuestión. Es el caso del comienzo de la novela *La transformación de Windham Bovile*, de **Diana Huarte**, en el que la variación realizada sobre el celebérrimo comienzo del Quijote funciona como una advertencia al lector sobre el tono burlesco que sin duda adoptará la obra.

En un lugar de un universo paralelo al nuestro, de cuyo nombre nadie quiere acordarse, no ha mucho tiempo que vivía un aristócrata de brazos y piernas cortas, las mejores ropas en un cuerpo nunca florecido, y un rostro grotesco al que los menos miraban de reojo y los más con desprecio. Las mejores fiestas y opulentos restaurantes salpicaban sus noches con la promesa de algo que quedaba flotando en la perpetua espera, risas y algún polvo los sábados, encuentros de amigos los viernes, alguna salida en su fabuloso yate los domingos, consumían apenas una parte de su hacienda.

El **fluir de la conciencia** es un recurso inventado en la literatura del siglo XX, que prescinde del tipo de puntuación y fraseo que caracterizan a la escritura tradicional (que, debemos advertir, sigue teniendo sus reglas en todo lenguaje que no sea específicamente literario), con el objetivo de tratar de reproducir la manera en que espontáneamente el pensamiento se presenta en la mente, previamente a su paso a la comunicación lingüística oral, y más todavía escrita.

Como se comprenderá, y dado que no existe ninguna posibilidad empírica de corroborar cómo ocurre realmente este "fluir del pensamiento" o "de la conciencia" (también llamado **monólogo interior**), será responsabilidad del escritor crear (trasladándola a la comunicación escrita, que ese es el desafío) una forma creíble de representarla en el texto.

Este fragmento es la forma más extrema, como hemos visto en alguna sección anterior, que se extiende durante las aproximadamente 60 páginas del capítulo final del

Ulises de **Joyce**, en el que se representa el monólogo interior de Molly Bloom:

(...) ésta me encantaría tener una larga conversación con una persona inteligente y bien educada tendría que hacerme de un bonito par de zapatillas rojas como aquellas que los turcos con el fez solían vender o amarillas y una bonita bata semitransparente que tanto necesito o una bata corta de color flor de melocotón como la que había hace tiempo en Walpole por sólo 8 con 6 o 18 con 6 le daré sólo otra oportunidad me levantaré temprano estoy harta de la vieja cama de Cohen en cualquier caso podría pasarme por el mercado a ver todas esas verduras y berzas y tomates y zanahorias y todas esas clases de frutas espléndidas que llegan relucientes y frescas quién sabe quién será el hombre que me encuentre salen a la caza de eso por la mañana Mamy Dillon solía decir que es así y por la noche también por eso su ir a misa me encantaría una pera grande jugosa ahora que se te derrita en la boca como cuando estaba con los antojos luego le arrojaría sus huevos y su té en la taza con bigotera que le dio ella para agrandarle la boca supongo que le gustaría la rica leche cremada mía también sé lo que voy a hacer saldré por ahí algo alegre no demasiado cantando de vez en cuando mi fa pieta Masetto luego comenzaré a vestirme para salir presto non son piu forte me pondré mi mejor camisa y bragas que pueda darle bienal ojo para que se le empine la churra le haré saber si eso es lo que quiere que a su mujer la follan sí y muy bien que la follan además hasta el moño si me apuran y no por él 5 o 6 veces sin parar ahí está la señal su leche en la sábana limpia no me voy a molestar ni siquiera en disimularla con la plancha a ver si se da por satisfecho si no me crees tócame la tripa a no ser que haga que se la empine (...)

Aunque sin llegar a tal extremo, encuentra otra forma, por ejemplo, en este fragmento de *La traición de Rita Hayword*, de **Manuel Puig**.

Sin modelo no sé dibujar, sin modelo mamá sabe dibujar, con modelo dibujo mejor yo. ¿Qué dibujo hago hasta las 3? El aburrimiento más grande es la siesta, y si pasa un avión papá se despierta, los gritos, mamá aprovecha y se levanta. Mañana, cumpleaños de la de González, a esta hora vistiéndome; la de González de ojos saltones. De ojos chiquitos, y del sueño más chiquito todavía, el padre de Alicita no se desnuda para dormir la siesta, y a ponerse en fila, yo, Alicita y la de González, a dejar las ventas, ganando tanta plata jugando a la tienda en lo de Alicita, y ¡ a ponerse en fila! nada más que media hora y ya se levanta de la siesta el padre; yo no había hecho nada de ruido, ellas sí... y nada de romper cosas, el susto corriendo a formar la fila, y del bolsillo sacó una mano el padre, y uno dos, tres caramelos, el padre de Alicita es padre de nenas. Con los dedos fuerte le puedo borrar los colores a una mariposa, apenas tan despacito hay que acariciarla, polvitos de colores sobre las alas: un beso en la frente «hasta mañana» me dice mamá todas las noches, con la caricia casi de mariposa en un cachete, la misma caricia me dio el padre de Alicita, que es padre de nenas. El padre de la de González es padre de la de González pero también de dos varones y no debe acariciar. ¿O porque tiene negocio y está nervioso? ¿el padre de Alicia gana mucho? no, que es el gerente de la ferretería pero no es el dueño.

Como hemos dicho, la posibilidad de crear un tono para la narración a través de la utilización de lenguajes específicos es casi infinita, y depende de la creatividad de cada escritor.

Y ahora pasaremos a otro tema de importancia crucial: los diálogos.

El diálogo

El **DIÁLOGO** es uno de los elementos que pueden ser utilizados de manera más variada y rica en la estructura de un relato. La narración de una escena sólo lo incluye, naturalmente, cuando hay una conversación entre dos o más personajes (o un soliloquio de alguno de ellos). Hay que tener en cuenta que hay muchísimas escenas que pueden contarse sin la inclusión de diálogos; pero la inclusión de los mismos genera un indiscutible aire de verosimilitud a la narración. Claro que, por contrapartida, puede echar a perderlo todo si está mal utilizado, y por desgracia eso es lo que suele ocurrir sobre todo en los escritores principiantes.

Una cuestión de mucho calado es la elección del tipo de lenguaje que vamos a utilizar para el diálogo. Lo primero que tenemos que tener claro es que tampoco en este caso la narración es una reproducción de la realidad ficcionada, y por lo tanto no es la mera "naturalidad" del diálogo lo que produce identificación del lector con el relato. Tampoco aquí actúa el "realismo" como garantía de la eficacia de una narración, sino que también el diálogo es –como siempre- un **recurso funcional** a la misma. En obras como la del uruguayo **Juan Carlos Onetti** o la brasileña **Clarice Lispector** (o incluso en la de **Faulkner**, plagada de personajes marginales y semi-analfabetos) , la intercalación de los diálogos está tan integrada al estilo total de la narración, que los personajes hablan como seguramente nunca hablaría normalmente una persona de ese perfil, y sin embargo la sensación que se produce es que si el autor los hiciera hablar con el código o las expresiones propias de su caracterización, rompería la fluidez del texto.

Pero en otros casos, en cambio, sí puede resultar importante para la verosimilitud del relato que los personajes utilicen un lenguaje lo más parecido posible a su realidad hipotética. Si la narración tiene una lógica realista, resultaría chocante que unos personajes analfabetos hablasen como estudiantes universitarios o viceversa. Sin embargo, cuando los personajes parecen esforzarse en utilizar todos los "regionalismos" y "pintoresquismos" de que disponen en su habla habitual, el resultado suele ser calamitoso y afectado. Todo tiene que ver, como siempre, con la elección adecuada, y salvo en el caso de que se quiera provocar hilaridad o parodiar intencionadamente un lenguaje particular, conviene ser muy sobrio en el uso de estos "lenguajes propios". En todo caso, es una preocupación y un peligro que los escritores tenemos constantemente presente como desafío a resolver caso por caso.

Tomé uno o dos vasos de vino, mientras hacía esfuerzos para no parecer descolgado de aquellas conversaciones constantemente interrumpidas por las carcajadas de los participantes, un círculo de amigos o al menos de convecinos que parecía dar por natural la ausencia de sus mujeres en aquella reunión de excusa gastronómica, y me sorprendí pensando cómo podía contarse todo eso sin caer en las muecas previsibles del regionalismo, sin dejarse seducir por la acentuación despareja de aquellos hombres, por sus vocabularios peculia-

res. ¿Era posible mezclar dos lenguajes, o acaso uno de los dos —cualquiera de los dos— podía dar cuenta sin desmedro de la totalidad? Estaba en eso cuando el hombre vestido a lo gaucho palmeó enérgicamente invitando a todo el mundo a sentarse a la mesa, y acercándose con una enorme tabla de madera rebosante de cortes de carne, me alcanzó la primera tira de asado.

- Ya que el hombre es visitante...- explicó con una lógica que a todos pareció resultarles irrefutable.

El párrafo pertenece a mi relato *La caja de zapatos*. Dejo el tema, naturalmente, sin una respuesta conclusiva. Cada uno deberá integrar los diferentes lenguajes en las necesidades expresivas de su propio texto.

Transcripción de diálogos: Estilo Directo

Aclarado ya este asunto de la particularidad o impersonalidad de los lenguajes en el diálogo, vale la pena recordar que un diálogo puede representarse, básicamente, en **Estilo Directo** o **Estilo Indirecto**:

- ¡Váyase al diablo! –dijo Juan al otro hombre.
- El Diablo anda muy lejos –replicó su compadre.

ó

Juan dijo al otro hombre que se fuera al diablo, pero su compadre no tardó en replicarle, asegurando que el diablo andaba muy lejos.

Existen diversos tipos de combinaciones entre ambas formas de transcribir una conversación, pero en estos casos, lo principal es tener mucho cuidado con los cambios verbales de un estilo a otro. Hay relatos en los que la voz del narrador es el eje del discurso y por lo tanto el Estilo Directo puede introducir un elemento discordante. En otros casos, por el contrario, el uso del Estilo Directo le da mayor velocidad y fluidez al relato.

En *Los asesinos*, **Ernest Hemigway** narra la llegada a un comedor barato de un pequeño pueblo de provincia de dos sujetos rigurosamente trajeados que vienen con la misión de asesinar a un ex - boxeador que habitualmente cena allí. A lo largo de todo el cuento, casi no existen las acotaciones del narrador (en tercera persona): la acción se va desarrollando en base al diálogo de los distintos personajes, un diálogo que parece ser el más trivial del mundo. Sin que ninguna otra cosa más que el desarrollo del diálogo lo vaya denotando, nos vamos dando cuenta de la calaña de los dos sujetos, sube la tensión, hasta que descubrimos de qué va realmente la historia. La escena tiene un ritmo que podríamos perfectamente denominar cinematográfico desde el principio al final, como un largo travelling.

La puerta del restaurante de Henry se abrió y entraron dos hombres que se sentaron al mostrador.
-¿Qué van a pedir? -les preguntó George.
-No sé -dijo uno de ellos-. ¿Tú qué tienes ganas de comer, Al?
-Qué sé yo -respondió Al-, no sé.
Afuera estaba oscureciendo. Las luces de la calle entraban por la ventana. Los dos hombres leían el menú. Desde el otro extremo del mostrador, Nick Adams, quien había estado conversando con George cuando ellos entraron, los observaba.
-Yo voy a pedir costillitas de cerdo con salsa de manzanas y puré de papas -dijo el primero.
-Todavía no está listo.
-¿Entonces para qué carajo lo pones en la carta?
-Esa es la cena -le explicó George-. Puede pedirse a partir de las seis.

George miró el reloj en la pared de atrás del mostrador.
-Son las cinco.
-El reloj marca las cinco y veinte -dijo el segundo hombre.
-Adelanta veinte minutos.
- Bah, a la mierda con el reloj -exclamó el primero-. ¿Qué tienes para comer?
-Puedo ofrecerles cualquier variedad de sándwiches -dijo George-, jamón con huevos, tocineta con huevos, hígado y tocineta, o un bisté.
-A mí dame suprema de pollo con arvejas y salsa blanca y puré de papas.
-Esa es la cena.
-¿Será posible que todo lo que pidamos sea la cena?

Sin que el narrador nos lo haya mencionado ni una sola vez, llegamos al final del relato con algunas impresiones profundas: por ejemplo, el desapego burocrático que puede conllevar algo tan fuerte como cometer un crimen por encargo, y la sensación de fatalidad frente a su destino del personaje del pugilista. Algo parecido ocurre en *Diles que no me maten*, de **Juan Rulfo**:

—*¡Diles que no me maten, Justino! Anda, vete a decirles eso. Que por caridad. Así diles. Diles que lo hagan por caridad.*
—*No puedo. Hay allí un sargento que no quiere oír hablar nada de ti.*
—*Haz que te oiga. Date tus mañas y dile que para sustos ya ha estado bueno. Dile que lo haga por caridad de Dios.*
—*No se trata de sustos. Parece que te van a matar de a de veras. Y yo ya no quiero volver allá.*
—*Anda otra vez. Solamente otra vez, a ver qué, consigues.*
—*No. No tengo ganas de ir. Según eso, yo soy tu hijo. Y si voy mucho con ellos, acabarán por saber quién soy y les dará por a fusilarme a mí también. Es mejor dejar las cosas de este tamaño.*
—*Anda, Justino. Diles que tengan tantita lástima de mí. No-más eso diles.*
Justino apretó los dientes y movió la cabeza diciendo:
—*No.*

Es un caso extremo (y extremadamente hábil) de uso del Estilo Directo. Pero hay que tener la pericia de un Hemingway o un Rulfo para que funcione eficazmente.

En el uso del Estilo Directo es muy importante el papel de las **acotaciones**. Entendemos por ello las expresiones que utilizamos para señalar el sujeto del diálogo, a través de señalizaciones verbales que indican al mismo tiempo otros elementos complementarios de la acción.

—Ya estoy de vuelta —dijo Pedro.

Sería una acotación elemental. Pero indudablemente la narración se enriquece si incorporamos otros datos complementarios:

—Ya estoy de vuelta —dijo Pedro mientras miraba cómo, a su alrededor, una nube de mariposas invadía el cielo.

Otro caso extremo del uso del ED son los soliloquios de un personaje, en el que vamos siguiendo la acción sólo a través del discurso locutorio del personaje. Este es un párrafo de *Bariloche*, de **Andrés Neuman**:

Me acuerdo que le dije vos sos loco, qué estás diciendo, una barbaridá eso es lo que estás hablando, pero él ni bola, bah, sí, escucharme me escuchaba, movía los ojos para todos lados, me miraba las manos, claro, yo las movía mucho porque él estaba diciendo barbaridades, pelotudeces hablaba.

En todo caso, el máximo exponente en el uso del Estilo Directo sería el del Monólogo Interior, como en el último capítulo del *Ulyses* de **Joyce**. Lo hemos desarrollado ya en el apartado de **Tono y Lenguajes**, como un ejemplo de *fluir de la conciencia*.

Transcripción de diálogos: Estilo Indirecto

En el otro extremo del uso del ED que mostrábamos tan magistralmente en Hemingway, se encuentran los autores que utilizan sólo el Estilo Indirecto para narrar los diálogos. Este recurso, como hemos dicho antes, tiene la ventaja de que el diálogo mismo se integra perfectamente en el estilo general del discurso elegido por el narrador.

El ingeniero le estaba contando a la muchacha del Dauphine su circuito de la periferia cuando ella lo interrumpió con un gesto y le señaló el Simca. En dos saltos el ingeniero llegó hasta el auto y sujetó por el codo a uno de los muchachos que se repantigaba en su asiento para beber a grandes tragos de la cantimplora que había traído escondida en la chaqueta. A su gesto iracundo, el ingeniero respondió aumentando la presión del brazo. El muchacho gritó y protestó lloriqueando, mientras el otro rezongaba sin atreverse a intervenir.

El ejemplo está tomado de una escena de *La autopista del sur*, de **Julio Cortázar**. Es un largo relato en el que innumerables personajes atrapados en un gigantesco atasco, dialogan permanentemente entre sí sin utilizar ni una sola vez el estilo directo.

En todo caso, tanto el exceso de uso del ED como del EI pueden resultar agobiantes. No olvidemos que si en cine el diálogo puede definir una situación, las imágenes dan apoyo a los textos, en tanto que en literatura todo lo que no está escrito tiene que formarse en la mente del lector.

El equilibrio entre narración y diálogo es muy importante para su eficacia. La pericia de los grandes escritores está a veces en trasgredir la habitual alternancia entre una u otro del tipo:

Juan entró y dijo:
-Ven hacia aquí
Y ella respondió:
- Ya no voy a hacerte caso,
etc,etc

Como puede colegirse, este tipo de estructura resulta monótona y no ayuda a dar movimiento y fluidez a la escena. Observen, en cambio, cómo introduce **Abelardo Castillo** el diálogo en un cuento que ya hemos analizado, *La madre de Ernesto*:

El Alabama era una especie de restorán inofensivo, inofensivo de día, al menos, pero que pasadas las once de la noche se transformaba en algo así como un rudimentario club nocturno. Dejó de ser rudimentario cuando al turco se le ocurrió agregar unos cuartos en el primer piso y traer mujeres. Una mujer trajo.
- ¡No!
- Si. Una mujer.
- ¿De dónde la trajo?
Julio asumió esa actitud misteriosa, que tan bien conocíamos...

De la mera descripción se pasa bruscamente al diálogo en donde intervienen los principales protagonistas del relato, produciendo una impresión de continuidad total entre la voz del narrador y la de los personajes.

Transcripción de diálogos: Estilo Indirecto Libre

La combinación del ED y el EI ofrece una gran cantidad de posibilidades al lenguaje literario, pero existe una forma más de transcripción, utilizada a partir de la narrativa del siglo XX, que agiliza la fluidez de la acción en la que intervienen diálogos y acotaciones, el **Estilo Indirecto Libre**.

La característica del EIL es romper con las reglas propias de los dos estilos clásicos de transcripción, produciendo combinaciones que, transgrediendo las puntuaciones y mediante una utilización adecuada de los tiempos verbales, le dan a la narración de escenas de diálogo una agilidad diferente. Las combinaciones posibles del EIL son infinitas, y dependen del ingenio y la habilidad técnica del escritor, pero es posible sugerir algunas a modo de ejemplo.

Volví a leer La Celestina mucho después de terminar la secundaria, le contó ahora a Inés, levantando el brazo al mismo tiempo para llamar al camarero, que justamente en ese momento pasaba a su lado con una pila de platos en la mano izquierda. ¿Puede ponernos una fritura malagueña y otra jarrita de tinto de verano? El camarero asintió sin detenerse y siguió su camino hacia la barra haciendo chasquear la arena con sus zapatillas Nike. En una mesa vecina que había quedado vacía se acomodaron cuatro chicos jóvenes, riendo ruidosamente. Alberto siguió hablando. Descubrí que es un libro fascinante, uno de los mejores clásicos que he leído en mi vida, dijo a la mujer, que lo observaba nuevamente en actitud silenciosa, aunque en su boca se dibujaba ahora una especie de rictus irónico. (...) Y entonces la Petrocelli, intentando descalificar tu reclamo, pronunció aquella frase memorable de la que todavía nos acordamos, ¿no?, dijo ahora Inés cambiando el rictus irónico por una amplia sonrisa que casi se convirtió en carcajada. La literatura tiene como función dar ejemplos edificantes que sirvan a la humanidad, y no la de regodearse en mostrar el lado negativo de la condición humana, dijo, o algo muy parecido, recordó Alberto. Curiosa interpretación de Crimen y castigo, por ejemplo, agregó ella. ¿Vos de verdad creés que dijo "edificantes"?, ahora sí soltó la carcajada. Claro, respondió él echando el torso hacia adelante por encima de la mesa. A ella le gustaban esas pa-labras, así, tan literarias, para eso era la profesora.

En este caso, tomado de mi novela *Sinfonía de la patria*, el narrador mezcla descripciones en tercera persona y diálogos de los personajes en Estilo Directo, evitando las puntuaciones y acotaciones específicamente diferen-ciadoras, porque en el decurso de la acción no hay peli-gro de confusión sobre quién pronuncia cada línea de diálogo, logrando así una narratividad mucho más eficaz que crea la sensación de una conversación animada y ágil.

Este diálogo podría haber sido contado así:

-Volví a leer La Celestina mucho después de terminar la secundaria - le contó ahora Alberto a Inés, levantando el brazo al mismo tiempo para llamar al camarero, que justa-mente en ese momento pasaba a su lado con una pila de pla-tos en la mano izquierda.
- ¿Puede ponernos una fritura malagueña y otra jarrita de tinto de verano? – le dijo.
El camarero asintió sin detenerse y siguió su camino hacia la barra haciendo chasquear la arena con sus zapatillas Nike. En una mesa vecina que había quedado vacía se acomodaron cuatro chicos jóvenes, riendo ruidosamente.
Alberto siguió hablando.
- Descubrí que es un libro fascinante, uno de los mejores clásicos que he leído en mi vida -dijo a la mujer, que lo ob-servaba nuevamente en actitud silenciosa, aunque en su boca se dibujaba ahora una especie de rictus irónico. (...)
-Y entonces la Petrocelli, intentando descalificar tu reclamo, pronunció aquella frase memorable de la que todavía nos acordamos, ¿no? -dijo ahora Inés cambiando el rictus iróni-co por una amplia sonrisa que casi se convirtió en carcajada.
- La literatura tiene como función dar ejemplos edificantes que sirvan a la humanidad, y no la de regodearse en mostrar

el lado negativo de la condición humana, dijo, o algo muy
parecido - recordó Alberto.
-Curiosa interpretación de Crimen y castigo, por ejemplo -
agregó ella.
Y volvió a señalar:
- ¿Vos de verdad creés que dijo "edificantes"?
Ahora sí soltó la carcajada.
-Claro -respondió él echando el torso hacia adelante por
encima de la mesa -A ella le gustaban esas palabras, así, tan
literarias, para eso era la profesora.

Obsérvese que los cambios en realidad no son muchos,
casi únicamente la supresión de los guiones y la diferente división de las líneas de diálogo, pero sin embargo en
el conjunto el ritmo del relato cambia de manera radical.

En el siguiente ejemplo, tomado de la novela de **Ricardo Piglia**, *Respiración artificial*, se presenta otra posibilidad de uso de EIL, que permite transcribir un diálogo
en el que los dos protagonistas están, a su vez, hablando
de un diálogo anterior con una tercera persona.

Renzi me dijo entonces que el profesor no era así. No estaba
seguro de conocerlo bien, dijo, pero podía imaginarse perfec-
tamente cómo pensaba. ¿Y cómo pensaba? Le pregunto,
según usted. En contra de sí mismo, siempre en contra de sí
mismo, me dijo Renzi a quien ese método le parecía una ga-
rantía, casi infalible, de lucidez. Es un excelente método de
pensamiento, me dijo, Pensar en contra, le digo, sí, no está
mal. Porque él, Marcelo, me dijo Renzi, desconfiaba de sí
mismo. Nos adiestran durante demasiado tiempo en la estu-
pidez y al final se nos convierte en una segunda naturaleza,
decía Marcelo, me dice Renzi. Lo primero que pensamos
siempre está mal, decía, es un reflejo condicionado.

Un caso similar es el siguiente, extraído de la novela de
Juan José Saer, *Glosa:*

141

Y el Matemático continúa: Cuello venía temprano, había dicho Botón (al que se lo había dicho el Gato en Bellas Artes) por si Noca, un pescador, que debía traer un cargamento de moncholos y amarillos, fallaba a último momento, ya que en ese caso, como trabajaba en la Mutual de Carniceros, hubiese podido procurar, Cuello, ¿no?, a último momento, un asado de recambio. Pero Noca no falló; casi en el mismo momento que Cuello, pero viniendo desde la costa y no desde la ciudad, había llegado con dos canastos llenos de amarillos y moncholos que, después de pescarlos, se había tomado el trabajo de vaciar de sus órganos y de lavar en el agua misma del río. A juzgar por el modo como lo cuenta el Matemático, Botón ha trasmitido la llegada de Noca valiéndose del ditirambo; pero a medida que la repite, el Matemático, aplicando un protocolo riguroso, desmantela la versión de su informante: Botón, que es gringo, se apaisana a discreción; tiene un gusto excesivo por el barbarismo; los criterios de verdad se los suministran el rasguido doble y la chamarrita. A Noca, él lo conoce: en vez de ir a pescar él mismo, se lo pasa en el boliche; le compra el pescado a los verdaderos pescadores, y se lo revende a los puebleros que tienen quinta en la región. Va a terminar acopiador. Sin embargo, es la versión de Botón la que, por entre las objeciones sociológicas definitivas aunque desinteresadas del Matemático, Leto adopta y retiene: el Noca mítico buscando, con pericia inmemorial, por el río salvaje, los últimos amarillos, prevalece en desmedro del trashumante de clases a causa de la movilidad social que produce la urbanización creciente de la región litoral. Pero, de percibirla, al Matemático la reticencia de Leto no le iría ni le vendría: en realidad, del mismo modo que a ningún crítico de arte se le ocurriría invalidar un retrato sosteniendo que el modelo representado es feo, o viejo, u hombre o mujer, sino que atacaría la técnica del pintor, al Matemático el objeto Noca en su objetividad objetiva le importa, dice, hablando mal y pronto, tres pepinos, pero no así la descripción hecha por Botón, compuesta, según el Matemático, de apriorismos estereotipados y no de verdaderos datos empíricos. Puro material radiotelefónico, dice el Matemático.

Como decimos, a diferencia de los estilos Directo e Indirecto, el estilo Indirecto libre abre un abanico de posibilidades inmenso, casi sólo limitado por la creatividad del escritor, y es una herramienta que puede ser decisiva para la agilidad y la atmósfera en que se desarrolla una acción dialogada.

Recursos narrativos

Todos los elementos que contribuyen a la creación eficaz de una narración, la mayoría de los cuales han sido tratados en las páginas de este manual de Introducción a la Narrativa basado en las clases de los Talleres de Escritura Creativa de El Ojo de la Cultura, son aplicados y desarrollados con mayor o menor creatividad por cada escritor, constituyéndose en parte de su estilo propio.

La forma en que van tomando forma en el texto concreto de las narraciones, se condensa en una variada posibilidad de formas que denominamos "recursos narrativos". Esos recursos narrativos serían imposibles de clasificar dado que son creados permanentemente por la inventiva de cada escritor. Por eso es que, en nuestros Talleres, una de las prácticas esenciales de la dinámica de las sesiones, es el análisis de narraciones de los mejores escritores en todas las lenguas, justamente con el objetivo de identificar cuáles son los "recursos narrativos" que actúan en el interior del texto produciendo los efectos deseados en el lector, y tratar de entender el "truco" que ha utilizado el autor para lograr ese efecto.

No obstante, la experiencia y la práctica (y también el testimonio frecuente de los propios escritores que los aplican) hacen que podamos identificar algunos que se han ido convirtiendo casi en "secretos mal guardados" del oficio y a los que en un momento u otro todos los autores apelamos. Estos son algunos de esos "recursos narrativos" más usuales.

Efectos de realidad

Cuando alguien comienza a transitar el camino de la creación a través de la palabra escrita, suele llegar a ello munido de una serie de creencias sobre el arte literario que no son, en muchos casos, más que prejuicios o conceptos banales propios de una educación escolar estereotípica o de los lugares comunes que oye o lee por allí. En ocasiones, el aprendiz de narrador prefiere seguir creyendo en ello y nunca le faltará quien le "festeje las gracias", pero mi consejo sería, en todo caso, hacer lo contrario: el arte suele consistir en hacer las cosas de forma contraria a lo que el "sentido común" piensa que es el arte.

Una de esas creencias habituales, fundada en disparatadas ideas de lo que significa "reflejar la realidad" (admitamos, y lo digo como precoz perjudicado por ese tipo de conceptos, que muy populares en ciertas épocas), es que un buen cuento o novela es el que retrata de la manera más fiel posible lo más característico de una situación, escenario o personaje. O sea, donde las cosas ocurren como presuntamente le ocurren a cualquier persona "normal" en cualquier circunstancia "normal" (aquella desafortunada expresión luckasciana de "caracteres típicos en situaciones típicas"). Lo extraordinario, lo que sólo le ocurre a ciertos sujetos, representaría una mirada elitista e individualista sobre la realidad (y por lo tanto, según algunos, profundamente reaccionaria).

Nada más lejos, no sólo de la literatura, sino incluso de la propia "realidad". A nadie le ocurren las mismas cosas de la misma manera: cada vivencia es absolutamente personal e intransferible. Ya Borges ironizaba: "Siglos de siglos y sólo en el presente ocurren los hechos; innumerables hombres en el aire, en la tierra y el mar, y todo lo que realmente pasa me pasa a mí..." (*El jardín de los senderos que se bifurcan*). Y desde luego, la manera más inadecuada e inepta de "reflejar la realidad" es contarla como si ocurriera de un modo "universal". La construcción de arquetipos sólo es efectiva si cumple una funcionalidad específica (sea mítica, paródica, irónica, etc).

Dar verosimilitud a una escena requiere justamente de todo lo contrario: destacar, señalar algún elemento diferencial, individual, en la acción narrada, que le de carnadura, vida propia, y no sólo consista en la "representación" abstracta de una conducta. Ese elemental "truco" narrativo es esencial para producir lo que llamo "efectos de realidad". Trataré de inventar algún ejemplo muy notorio, aunque quizás deba pecar de exageración, para explicarlo.

Supongamos que intento contar una escena en donde un hombre está sentado a la mesa tomando un plato de sopa.

Podría contar:

Juan se sentó a la mesa, tomó la cuchara e introduciéndola en el plato de sopa, se la llevó a la boca.

Nadie duda que estoy relatando la escena, pero como absolutamente todo personaje que se sienta a tomar la sopa hace exactamente lo mismo, la sensación del lector es que tanto da que mi personaje sea Juan, Pepito o Mr/Ms Mengano/a.

En cambio, mi personaje adquirirá un perfil más creíble si lo describo así:

Juan se sentó a la mesa sacudiéndose antes el fondillo de los pantalones, un tic que había adoptado desde que era un adolescente, y cuando estaba a punto de introducir la cuchara en el plato de sopa, descubrió que en ella se reflejaba su rostro, cómicamente distorsionado por la curva del cubierto, y la sostuvo frente a sí antes de hundirla en el líquido espeso y llevársela a la boca.

La descripción de una conducta que *no es típica* sino sólo, quizás, propia de ese individuo al que describimos, es lo que genera en mi lector la percepción de un personaje que no es un boceto abstracto sino una pintura con rostro y personalidad propia. Que es lo que todos los seres humanos (y no humanos) somos. Y por lo tanto, es *ese rasgo individual* el que hace "real" al personaje. Ese recurso que se incorpora a la descripción y la saca del estereotipo, es precisamente lo que provoca el "efecto de realidad".

En su libro *Mientras escribo* (que recomiendo calurosamente a pesar de no ser lector de los bestsellers de este autor norteamericano), Stephen King utiliza una imagen que creo que explica perfectamente esta idea:

Fíjate en esta mesa tapada con una tela roja. Encima hay una jaula del tamaño de una pecera. Contiene un conejo blanco con la nariz rosa y los bordes de los ojos del mismo color. El conejo tiene un trozo de zanahoria en las patas delanteras y mastica con fruición. Lleva dibujado en el lomo un ocho perfectamente legible en tinta azul.

La descripción parece neutra: ninguno de sus elementos está especialmente destacado. Sin embargo, no creo fallar si apuesto a que lo que cualquiera de ustedes retendrá inmediatamente en el momento de imaginar esa escena no es ni la nariz rosa del conejo blanco, ni las zanahorias que está comiendo, sino ¡el número 8 pintado en el lomo! Creo que no hacen falta más explicaciones...

Historias paralelas

Uno de los recursos más inmediatos que permite el uso de aquellos conceptos que hemos descripto como "niveles de realidad" y "tiempo narrativo", es la construcción de historias paralelas. Ya sea en un cuento o en una novela, la aparición de historias paralelas sólo tiene sentido si existe un nivel de interrelación entre ellas, de lo contrario serían simplemente dos novelas intercaladas. Pero no siempre esta relación es anecdótica (o sea, que hace a las historias en sí mismas); puede ser también temática. En este último caso, la novela o el cuento alternan dos historias que no tienen ninguna relación directa entre sí, pero de cuyo relato trasciende o se percibe algún elemento (psicológico, filosófico, estilístico, lo que sea) común.

En *Las palmeras salvajes*, Faulkner desarrolla dos historias completamente diferenciadas, pero cuyos correlatos sugieren una unidad en un sentido que trasciende la anécdota. No logramos discernir exactamente por qué, pero la historia de los amantes adúlteros y la del prisionero que escapa durante una inundación del río Missisipi, aunque nunca se tocan más que en una brevísima mención a la inundación y a la prisión durante la historia de los amantes, logra que el propio Borges las haya calificado como "dos historias que nunca se confunden pero de alguna manera se complementan". ¿De qué manera? No tengo la respuesta, pero que se complementan bastará leer el libro para comprobarlo. (Vargas Llosa ha usado esta novela como un ejemplo extremo de "vasos comunicantes").

Por su parte, en su cuento *Todos los fuegos el fuego*, Cortázar cuenta paralelamente una historia que transcurre en un circo romano de gladiadores, y otra que transcurre en una conversación telefónica de una pareja que se separa tras la que se oye un extraño fondo de alguien que repite cifras numéricas. Sólo en el final (ambas historias terminan en un incendio) existe algún elemento común, pero un lector sensible puede leer en la historia de los dos "tríos" amorosos en acción temas confluyentes, sin contar con el hecho de que, tanta pasión controvertida y furiosa, sólo podía terminar abrasando en el fuego a sus protagonistas.

Pero en la mayoría de los casos de uso de historias paralelas, se trata de dos anécdotas que tienen puntos de contacto entre ellas, y construyen por consiguiente al final una historia común. Julio Cortázar vuelve a ser un buen ejemplo con su famoso cuento *La noche boca arriba*, que ya hemos mencionado antes, en el que se alternan, a través de sutiles conjunciones narrativas, la historia de un motociclista que tiene un accidente y la de un indígena a punto de ser sacrificado en el altar de los dioses enemigos. Una historia, se sugiere, es el sueño que está soñando el protagonista de la otra. Finalmente, como ya sabemos, la realidad y el sueño se invierten, descubriendo que hemos sigo engañados simplemente por el orden en que el autor intercala ambas historias.

El escritor argentino Ricardo Piglia, sugiere por su parte que en toda narración existen siempre dos historias: una explícita y otra oculta. Tenemos dudas de que esta sea una regla sin exclusiones, pero no cabe duda de que funciona en una gran cantidad de los mejores cuentos de la literatura universal. El propio Piglia, en su libro *Formas breves*, lo ejemplifica con un apunte hallado en cuadernos del cuentista ruso Chéjov: "Un hombre, en Montecarlo, va al Casino, gana un millón, vuelve a su casa, se suicida". Allí ocurre una historia, pero esa historia sería incomprensible de no mediar la existencia de otra, subterránea, que no se cuenta pero es la que da sentido a la primera: ¿qué es lo que ha llevado a este personaje agraciado por la suerte a suicidarse, cuando a primera vista ello resultaría completamente ilógico?

La tesis de Piglia tiene correlato en otra teoría famosa de la construcción narrativa, que es de autoría de Ernest Hemingway: la **teoría del iceberg**. Y que, tal como su nombre sugiere, asegura que en un cuento lo que se ve es la parte más superficial, y que como en el bloque de hielo que flota en el océano, lo más importante es lo que está oculto.

La historia secreta se cuenta a través de elipsis, alusiones, procedimientos discursivos que habitualmente sólo pueden ser descifrados (reinterpretados) al final, cuando las dos historias se encuentran. Los "puentes" que permiten enlazar las dos historias están distribuidos a lo largo de la "historia visible", pero sólo en el desenlace el lector los logra percibir y reconstruye con la intervención de su propia lógica e imaginación la trama secreta del cuento.

Hemos dicho que casi toda la narrativa corta responde a esa tesis, pero por elegir un ejemplo citaremos el cuento "Un día perfecto para el pez banana", de los *Nueve cuentos* de J. P. Salinger. Una joven pareja viaja a un balneario de moda para festejar su reencuentro después de que él ha vuelto de la II Guerra. Mientras la esposa habla trivialidades con su madre por teléfono mientras se pinta las uñas, él se ha encontrado en la playa con una niña que conoce porque su familia está en el mismo hotel, y juega con ella mientras le hace bromas y le cuenta una historia disparatada sobre los "peces banana". Después regresa a su habitación, saca de su bolso una pistola y se pega un tiro.

El final abrupto y violento rompe la aparente lógica del relato, y nos obliga a repensarlo, descubriendo así en las costuras de la trama una serie de elementos que preanuncian el destino del protagonista, cuyo trauma de posguerra lo ha llevado a un total desfasaje con el entorno social en el que habita.

La narrativa moderna está recorrida de punta a punta por cuentos (y también novelas) construidas mediante la superposición de historias paralelas. Los ejemplos son tan numerosos que no alcanzaría este libro para nombrarlos, así que vamos a obviar la enumeración, y pasaremos a analizar las formas y recursos utilizados para ligar entre sí esas historias.

Las muñecas rusas

Uno de los recursos más antiguos, en ese sentido, es el de las llamadas "muñecas rusas" (o "cajas chinas"), y que consiste, tal como las célebres *matriuskas*, en la sucesión de historias que van encajadas unas dentro de las otras.

Un ejemplo pionero (y fácil de recordar) podría ser el de *Las mil y una noches*: dentro de la historia de Scherezade y el Sultán, que unifica todo el libro, ella va contando todas las noches una historia diferente, que engancha siempre la anterior con la siguiente (recordemos que la peculiar costumbre del Sultán era que, cada vez que una muchacha terminaba de contarle una historia, la decapitaba; y el sistema de Scherezade para salvar el cuello – y finalmente casarse con el Sultán – fue crear al final de cada historia un suspense sobre la siguiente para que él se quedara con la intriga y la dejase vivir una noche más). Las ligazones entre las historias son de diferentes magnitudes, pero finalmente todas ellas están dentro de la historia principal: un ejemplo de "cajas chinas" imperfecto pero anticipatorio.

Y no es vano recordar que con ese mismo recurso se origina toda la cuentística occidental: el *Decamerón* de **Giovanni Bocaccio**, los *Canterbury's tales* de **Geoffrey Chaucer** y *El conde Lucanor* del **Infante Don Juan Manuel** cuentan historias unificadas por una historia común (en *Canterbury...*, por ejemplo, un grupo de jóvenes viajan al interior huyendo de la peste de Londres, y en el camino van contando cada uno una historia). Y si vamos a ser estrictos, al final lo mismo ocurre en el *Satirycon* del romano **Petronio**.

El recurso aparece incluso en el *Quijote*, primera novela moderna, con la inclusión de historias individuales como *El curioso impertinente* o *El capitán cautivo*, donde estas dos historias no tienen más ligazón con la historia principal que el hecho de que alguien las cuente.

Un ejemplo muy hábil de uso de este recurso se puede identificar en *La vida breve*, la novela de **Juan Carlos Onetti** que inaugura el ciclo de Santa María. En ella se cuenta la historia de Brausen, un gris y amargado empleado de una agencia publicitaria de Buenos Aires; quien se inventa una vida paralela – radicalmente contraria a la suya de todos los días - haciéndose llamar Arce y relacionándose con una prostituta del apartamento que linda con el suyo. Al mismo tiempo, la novela cuenta la historia del doctor Díaz Grey, un singular médico radicado en la indefinible ciudad de Santa María, a orillas de un río; y que a poco descubrimos que en realidad es una novela que está escribiendo Brausen. Aquí, además de las "muñecas rusas" como tales (una historia dentro de la otra) encontramos un manejo genial de los "niveles de realidad": Brausen (nivel de lo real) se inventa la vida de Arce (que sigue estando en un nivel de lo real pero en una instancia superior, porque siendo real no deja de ser una creación de Brausen), y a su vez escribe la historia de otros personajes (nivel de la fantasía). Audazmente, las historias se terminan relacionando entre sí, incluida la del doctor Díaz Grey que sospechamos termina siendo la principal de todas. Más adelante, en novelas posteriores, el cruce termina siendo tan grande que encontramos que en la plaza de Santa María hay una estatua de Brausen, el "fundador" de la ciudad.

Aunque probablemente una de las novelas más logradas acudiendo de manera radical a las "muñecas rusas" es *Si una noche de invierno un viajero*, de **Italo Calvino**. La historia central de la sinuosa relación entre un Lector y una Lectora va abriendo paso a la lectura de una novela que en determinado momento dirige hacia la lectura de otra y así hasta diez sucesivamente, con la salvedad de que todas las novelas empiezan pero ninguna termina.

Terminaré, quizás por mera vanidad, mencionando mi cuento "La última plaga bíblica" (del libro *Ser feliz siempre es posible*), en donde se cuenta la historia de alguien que descubre un manuscrito que a su vez cuenta una historia ocurrida en la Edad Media. Desde luego, la idea no es original: la literatura universal abunda en manuscritos hallados en botellas y otros subterfugios similares. Sin ir más lejos, el propio narrador del *Quijote* afirma (recuerden) que la historia la encontró en un manuscrito del árabe Sidi Berengeli.

Mutaciones y cambios de perspectiva

Otro procedimiento de gran eficacia (cuando está bien usado, como todos), es el de las "mutaciones" o "cambios de perspectiva", basados en la manipulación de los puntos de vista. Esos cambios de perspectiva se pueden encontrar en el plano del tiempo, el del espacio, e incluso en los niveles de realidad. Se trata de pasos de una perspectiva a otra cuyo objetivo – por lo general - es generar en el lector la impresión de que (como suele suceder en la propia conciencia) hay circunstancias en que se superponen de algún modo hechos relacionados entre sí, aunque ocurridos en diferentes lugares o en diferentes momentos.

Virginia Woolf, la escritora inglesa, es una auténtica especialista en estas mutaciones (y una experimentadora conciente de las mismas). *Las olas* es una novela que transcurre a través de varias décadas, cuyo paso está marcado simbólicamente por una descripción objetivista (en tercera persona omnisciente) de un paisaje marino desde el amanecer hasta la noche, que se inserta al principio de cada capítulo, mientras que en el resto del capítulo van desfilando las vivencias de seis personajes contadas en primera persona en la que el lector va descubriendo sutilmente los cambios de punto de vista entre uno y otro.

En *Mientras agonizo*, de **William Faulkner**, toda una familia va adoptando individualmente diferentes puntos de vista para contar la historia, dando lugar así a un abanico de opciones en las que el lector debe conformar su propia versión. Algo parecido ocurre en *El ruido y la furia*, en donde uno de los puntos de vista centrales es el de un retrasado mental que, por supuesto, tiene una visión de las cosas muy diferente al resto de los narradores.

Ni qué decir de *Orlando*, también de la Woolf, donde a mitad de la novela el protagonista se convierte en mujer, y desde ese momento – naturalmente – adopta el punto de vista de dicha nueva identidad de género. Esta mutación, según la descripción acuñada por **Mario Vargas Llosa**, sería al mismo tiempo un "salto cualitativo" de la trama, porque se pasa abruptamente del nivel de lo real al de lo fantástico. El autor peruano, percibe igualmente como "saltos cualitativos" de lo real a lo fantástico, los que se producen en narraciones kafkianas como *El proceso* o *El castillo*, donde a diferencia del anterior, la mutación es un proceso que se va produciendo sutilmente a lo largo de la novela hasta que en determinado momento tomamos conciencia de que hemos cambiado a otro plano de realidad. Quizás otro tanto podríamos decir de **El barón rampante**, de *Ítalo Calvino*, donde un niño se sube a un árbol para protestar por un mandato de su padre -nivel de la realidad-, y nunca más se baja, dando lugar a una historia en un nivel obviamente fantástico. Y desde luego, en *Pedro Páramo*, de **Juan Rulfo**, donde recién en medio de la novela nos damos cuenta de que todos los personajes están muertos y hablan desde ultratumba.

Y para terminar con los "cambios de perspectiva", tenemos que mencionar a dos escritores argentinos. En el famoso *Hombre de la esquina rosada* (el primer cuento de **Jorge Luis Borges**) el protagonista narra en primera persona una historia de la que parece haber sido testigo, hasta que en el giro final, usa la segunda persona para dirigirse al propio Borges como interlocutor y revelar, sutilmente, que en realidad es él mismo el principal protagonista. También hay que destacar - ¡cuándo no! – a **Julio Cortázar**, que utiliza permanentemente este procedimiento como uno de los principales recursos de su narrativa. Baste recordar el conocido *Axolotl*, donde un hombre está obsesionado con los ojos del pez del mismo nombre que todos los días va a visitar al acuario, hasta que al final descubrimos que quien cierra el cuento no es el protagonista sino el mismo axolotl, en cuyo punto de vista él se ha transfigurado.

Los ejemplos de este recurso en la narrativa moderna son imposibles de abarcar en este trabajo, pero sí quisiera señalar que siendo uno de los recursos más ricos y efectivos, es también uno de los más peligrosos si no se lo ejecuta con maestría. Las consecuencias pueden ser fatales para un autor, empezando por la total confusión de las tramas (que en esos casos resultan insufribles por más que se las quiera revestir de "experimentalismo"), o – como a mi juicio sucede con las mutaciones en los niveles de realidad de un autor tan de moda como el japonés Murakami – con una pérdida total de la verosimilitud.

Los vasos comunicantes

Mario Vargas Llosa, a quien acabamos de mencionar, es un gran teórico respecto a estas técnicas de la narrativa, pero además es un auténtico maestro en el uso de una de ellas, la de los "vasos comunicantes". Y nada mejor entonces que cederle la palabra para tratar de entender en qué consiste este recurso.

"Dos o más episodios que ocurren en tiempos, espacios o niveles de realidad distintos, unidos en una totalidad narrativa por decisión del narrador a fin de que esa vecindad o mezcla los modifique recíprocamente, añadiendo a cada uno de ellos una significación, atmósfera, simbolismo, etcétera, distinto del que tendrían narrados por separado. La mera yuxtaposición no es suficiente, claro está, para que el procedimiento funcione. Lo decisivo es que haya 'comunicación' entre los dos episodios acercados o fundidos por el narrador en el texto narrativo. En algunos casos, la comunicación puede ser mínima, pero si ella no existe no se puede hablar de vasos comunicantes, pues, como hemos dicho, la unidad que esta técnica narrativa establece hace que el episodio así constituido sea siempre algo más que la mera suma de sus partes", dice el autor de *Conversación en La Catedral* y *La fiesta del Chivo* entre muchas otras.

Vargas Llosa usa como ejemplo preponderante de esta técnica a Cortázar, de quien da como ejemplos no sólo cuentos como *El ídolo de las Cícladas* o el vastamente mencionado *La noche boca arriba*, sino también sus novelas *Rayuela* y *Los premios*. Pero quizás nada sea mejor que ejemplificar el procedimiento en la obra del propio Vargas Llosa.

En primer lugar, su maestría en el uso del sistema que se ha dado en llamar "diálogos telescópicos". Se trata de un procedimiento mediante el cual varios diálogos que se producen en momentos o incluso lugares diferentes, se funden narrativamente en uno solo. Para que ese efecto sea posible, los diálogos deben reunir ciertas características comunes: participar los mismos interlocutores (aunque en diferentes situaciones), ligarse a través de algún elemento temático o palabras claves (aunque pertenecientes a diferentes diálogos), etc, o sea, elementos que sirvan de puente y relación entre los diversos diálogos representados. El objetivo es precisamente crear la interrelación entre esos diferentes diálogos para ligar sus contenidos o sus significaciones dentro de la trama; al mismo tiempo que intentamos de ese modo expresar una forma menos artificiosa y más humana de percibir las relaciones entre pasado, presente y futuro que, como casi toda la filosofía señala, no son más que una sola cosa en la conciencia. Veamos este diálogo incluido en *Conversación en La Catedral*:

"Sonó el teléfono y el mayordomo vino corriendo: su amigo Santiago, niño. Tenía que verlo urgente, pecoso. ¿A las tres en el Cream Rica de Larco, flaco? A las tres en punto, pecoso. ¿Tu cuñado iba a sacarte la mugre si no dejabas en paz a la Teté, pecoso?, sonrió el senador, y Popeye pensó qué buen humor se gasta hoy. Nada de eso, él y Santiago eran adúes, pero la vieja frunció el ceño: a ese muchachito le falta una

tuerca ¿no? Popeye se llevó a la boca una cucharadita de helado, ¿quién decía eso?, otra de merengue, a lo mejor lo convencía a Santiago de que fueran a su casa a oír discos y de que llamara a la Teté, sólo para conversar un rato, flaco. Se lo había dicho la misma Zoila en la canasta del viernes, insistió la vieja. Santiago les daba muchos dolores de cabeza últimamente a ella y a Fermín, se pasaba el día peleándose con la Teté y con el Chispas, se había vuelto desobediente y respondón. El flaco se había sacado el primer puesto en los exámenes finales, protestó Popeye, qué más querían sus viejos.

-No quiere entrar a la Católica sino a San Marcos -dijo la señora Zoila-. Eso lo tiene hecho una noche a Fermín.

-Yo lo haré entrar en razón, Zoila, tú no te metas -dijo don Fermín-. Está en la edad del pato, hay que saber llevarlo. Riñéndolo, se entercará más.

-Si en vez de consejos le dieras unos cocachos te haría caso - dijo la señora Zoila-. El que no sabe educarlo eres tú.

-Se casó con ese muchacho que iba a la casa -dice Santiago-. Popeye Arévalo. El pecoso Arévalo.

-El flaco no se lleva bien con su viejo porque no tienen las mismas ideas -dijo Popeye.

-¿Y qué ideas tiene ese mocoso recién salido del cascarón? - se rió el senador.

-Estudia, recíbete de abogado y podrás meter tu cuchara

en política -dijo don Fermín-. ¿De acuerdo, flaco?

-Al flaco le da cólera que su viejo ayudara a Odría a hacerle la revolución a Bustamante -dijo Popeye- [...]".

Como podemos ver (mucho más fácilmente si leemos la novela, claro), el texto es un collage de varios diálogos referidos a la misma situación, pero relacionados centralmente con la preocupación de Don Fermín por la actividad política de su hijo en la universidad. Partes del diálogo se emiten en una partida de canasta entre las señoras ricachonas amigas de la madre de Zavalita (el hijo de Don Fermín) que va ramificando a escenas de conversaciones entre padre e hijo, entre el hijo y sus amigos que ocurren en distintos momentos cronológicos de la historia, etc. Y todo ello, unificado por el diálogo central (Presente de la Narración) que es una conversación – muchos años después de todas las escenas anteriores - entre Zavalita y Ambrosio, el ex chofer de su padre ya fallecido, en un bar llamado La Catedral. Como se puede advertir, una de las claves de la comprensión del entrecruzamiento es el uso diferenciado de los tiempos verbales: "se lo había dicho la misma Zoila", "dijo don Fermín", "dice Santiago", etc. Y por supuesto, esta técnica requiere un manejo magistral del Estilo Indirecto Libre, tema que tratamos mejor en el apartado referido al Uso del Diálogo.

Parecido es el sistema llamado "escenas comunicadas", donde diferentes momentos temporales son narrados en una misma escena merced a la presencia de algún personaje que ha estado en todas esas escenas ocurridas en diferentes tiempos, acudiendo a la constatación de que a menudo, para la percepción humana, en determinados momentos del presente (hay quien afirma que siempre, pero ese es otro debate) el pasado (e incluso el futuro) forman parte de los mismos contenidos de conciencia.

Por último, también deberíamos considerar como variante de este recurso la superposición de diálogos indirectos introducidos unos a través de otros, mediante la utilización de las diferentes posibilidades verbales. En este ejemplo, de la novela de **Ricardo Piglia** *Respiración artificial*, incluso el verbo es siempre único: *decir*.

"Renzi me dijo entonces que el profesor no era así. No estaba seguro de conocerlo bien, dijo, pero podía imaginarse perfectamente cómo pensaba. ¿Y cómo pensaba?, le pregunto, según usted. En contra de sí mismo, siempre en contra de sí mismo, me dijo Renzi, a quien ese método le parecía una garantía, casi infalible, de lucidez. Es un excelente método de pensamiento, me dijo. Pensar en contra, le digo, sí, no está mal. Porque él, Marcelo, me dijo Renzi, desconfiaba de sí mismo. Nos adiestran durante demasiado tiempo en la estupidez y al final se nos convierte en una segunda naturaleza, decía Marcelo, me dice Renzi. Lo primero que pensamos siempre está mal, decía, es un reflejo condicionado.

Hay que pensar en contra de sí mismo y vivir en tercera persona. Eso dice Renzi que le decía en sus cartas el profesor Maggi. Brindemos entonces por él, le digo. Por el profesor Marcelo Maggi, que aprendió a vivir en contra de sí mismo. Salud, dice Renzi. Salud, le digo".

La cuestión del estilo

Quisiera terminar este libro haciendo algunas reflexiones sobre el **estilo**. Como ya se sabe, la palabra proviene del término latino que nombraba el instrumento con que se da forma a una piedra o bloque de madera, o sea, al cincel. De allí es fácil colegir como, metafóricamente, la expresión se ha trasladado al interior del lenguaje artístico – y mucho más especialmente al literario – para indicar las características propias de un determinado uso del lenguaje.

En la preceptiva tradicional se consideraba, por ejemplo, que existía un "estilo sublime" y un "estilo bajo" que servían para diferenciar el tipo de personajes que podían protagonizar una obra literaria: en la tragedia, por ejemplo, sólo aparecían reyes, nobles o héroes (por lo tanto hablaban en "estilo elevado") mientras que la comedia era escenario para los plebeyos (que, naturalmente, hablaban en "estilo bajo"). Este tipo de caracterizaciones ya no definen formas rígidas de uso del lenguaje, pero sí persisten en expresiones tales como "estilo verbal", "estilo incisivo", "estilo irónico", etc, etc, que tratan de identificar determinado predominio de un uso lingüístico, y que hemos caracterizado en la sección dedicada al Tono y la Atmósfera de un relato.

Pero la forma más habitual de utilizar el término se refiere a una serie de características generales que identifican determinados períodos del arte (o de la literatura en nuestro caso). Hablamos de "estilo romántico" para caracterizar la manera predominante de escribir en el período o escuela así denominado (el Romanticismo, en este caso, cuyo auge se produce entre fines del siglo XVIII y mediados del XIX); de "estilo realista" si nos referimos a la escuela hegemónica a mediados del XIX; de "estilo barroco", etc, etc. Esta utilización se extiende en realidad a la demarcación de períodos históricos señalados por una serie de particularidades en cualquier campo del arte o incluso la artesanía ("clásico", "romántico", "impresionista", en pintura; "barroco", "dodecafónico", "minimalista" en música; "Luis XIV" o "Chippendale" en mobiliario; etc). El "estilo" en esta acepción se referiría por lo tanto, a una serie de usos predominantes en tal período o escuela. En el caso de la Literatura, estos usos predominantes pueden ser identificados en los temas, en ciertas recurrencias gramaticales o de vocabulario, incluso en el predominio de ciertos géneros o ciertas estructuras literarias en determinadas épocas o momentos. Según el criterio dominante en la crítica literaria, un "estilo" de época o escuela, sería entonces un elemento común a la obra de los autores de ese determinado período o escuela. Como la obra literaria es siempre individual, cabe deducir que, o se trata de rasgos utilizados y creados por determinados artistas que han sido institucionalizados o canonizados y convertidos en un corpus preceptivo; o bien de la influencia en los autores individuales de un "espíritu de época" o una tendencia estética global. (El crítico uruguayo Ángel Rama acuñó la brillante expresión: "Los autores hacen las obras y los críticos hacen la literatura").

Pero del mismo modo que podemos escuchar la expresión "estilo culterano" para caracterizar a una forma de escribir poesía cuyo exponente más destacado en la lengua española quizás sea Góngora, también se habla del "estilo de Góngora", que en este caso supera la anterior caracterización, al definir la característica propia y particular que la poesía de Góngora adopta, y que la diferencia de otros autores que hayan podido utilizar el "estilo culterano". Esta última acepción (aquella que hace decir a algunos que "el estilo es el hombre") es quizás la que más nos interesa en función de nuestro trabajo en el Taller. El estilo es, no sólo lo que convierte en literario un texto, y le da una función poética (o estética); ni siquiera lo que identifica a un texto literario con una época o escuela; sino fundamentalmente el elemento diferenciador que traza una línea esencial entre la "masa" de quienes escriben (aún en función literaria) y los verdaderos escritores. El buen o mal escritor no se define por la *corrección* (sea ello una cuestión gramatical, ideológica, moral o lo que cada uno pretenda) del uso de la lengua; sino por la creación de un lenguaje que defina una voz propia, que no se mimetice automáticamente con la de otros, que pueda reconocerse en su individualidad. Y eso, que está al alcance de muy pocos, es el **estilo**.

Por supuesto, existe una infinidad de gradaciones en esta afirmación. Gabriel García Márquez, por ejemplo, es dueño de un estilo sin duda inconfundible, pero detrás suyo es posible encontrar también a un importante número de autores que escriben "*en el estilo* de García Márquez" (que habitualmente se identifica a su vez con el "realismo mágico", aunque el realismo mágico no sea verdaderamente una creación de ese escritor ni mucho menos de sus seguidores; y además la mayoría de las novelas de García Márquez no estén escritas en el estilo del "realismo mágico"). Pero no se puede, por ejemplo, escribir "*en el estilo* de Borges", porque éste ha logrado un estilo tan absolutamente particular, que solamente se podría imitarlo, lo cual sería, en todo caso, "escribir *como* Borges" (que no es lo mismo).

Otra de las equivocaciones habituales en los que recién empiezan en esta tarea de hacer literatura, es la creencia -supongo que heredada de pésimos profesores de la escuela secundaria- de que "escribir bien" es incluir todo el tiempo en nuestro texto palabras o expresiones presuntamente "elevadas" o -también presuntamente- "poéticas". Es imprescindible quitarse ese horrible prejuicio: no hay palabras más poéticas que otras ni expresiones más literarias, por el solo hecho de que sean raras, cultas o revelen un manejo amplio del diccionario. El vocabulario (palabras y formas de expresión) es una herramienta fundamental en esa "caja de herramientas" de la literatura -siguiendo la metáfora feliz de Stephen King-, pero hacer bien un trabajo supone no elegir la herramienta más prestigiosa ni más lujosa, sino la más adecuada. De nada sirven clavos de oro para fabricar un cajón de manzanas: por el contrario, se verían ridículos.

Lograr **un estilo** es, por tanto, lograr esa voz personal que se hace inconfundible para el lector, y es por supuesto **el objetivo de todo escritor**. Pero este concepto no debe tampoco confundirse con cierta recurrencia de un vocabulario, o una cierta estructura repetitiva (como los que creen que el "estilo" de Lorca es usar reiteradamente la imagen de la luna o el color verde; o los pintores que creen que tienen un estilo porque pintan eternamente variaciones del mismo cuadro). Por el contrario, también un estilo puede ser la variación intencional

permanente de un "estilo" a otro, como en los heteróni-
mos de Pessoa o Machado. O como expresa con singular gracia el poeta malagueño Salvador Gutiérrez, *"voy
de oca en oca / y estilo porque me toca"*. El estilo es
una actitud ante el texto, más que una suma de recursos.

De hecho, y dejando de lado el uso **paródico** de estilos
consagrados o populares, en la narrativa contemporánea
más actual ha comenzado a ganar predilección la idea
de que, de la misma manera como toda la literatura es
intertextual (como diría la excelsa Virginia Woolf, "una
voz tratando de contestar a otra voz"), la escritura de un
texto narrativo no tendría por qué estigmatizar la apropiación de estilos ajenos sino, por el contrario, considerar esa apropiación (no hablamos de plagio, que implica
apropiación de historias o tramas ajenas y no de lenguajes, aunque ya incluso esto es materia cuestionable en la
literatura actual) como una parte más de los recursos
disponibles en el casi inabarcable territorio de la construcción ficcional. Consideración afirmada en teorías
tan en boga como por ejemplo la de la "desaparición del
autor". Pero mejor, por el momento, no entrar en estas
polémicas.

Me gustaría, para finalizar estos "elementos teóricos"
que componen nuestro Taller de Narrativa, que sus participantes comprendieran centralmente este último concepto. Y sobre todo, que comprendan que lo que intentamos – y a veces lo logramos – quienes nos dedicamos
a esta tarea de coordinar o moderar Talleres de Escritura
Literaria, es ofrecer a nuestros alumnos el más amplio
abanico de recursos, de "trucos", de procedimientos que
contribuyen a mejorar nuestra expresión literaria; y más
que nada aprender a identificar esos procedimientos y
recursos en quienes los crean constantemente y utilizan

idóneamente, los grandes escritores, que es la mejor manera de aprender qué utilidad puede brindarnos su conocimiento y uso en nuestros propios textos.

Y alentar a quienes emprenden esta no siempre placentera labor de crear textos literarios, a que a través de la utilización de todos esos recursos y procedimientos, busquen ese estilo propio, esa voz propia que ningún coordinador de Taller Literario, desgraciadamente, puede garantizarles.

Porque a fuer de ser honestos y no vender gato por liebre, es preciso que aceptemos que quienes asumimos la tarea de crear y dirigir Talleres Literarios podemos poner nuestro máximo esfuerzo y creatividad en desarrollar todo el potencial literario y artístico que está encerrado y sin pulir en nuestros talleristas, en optimizar ese potencial ofreciéndoles la mayor cantidad de recursos, procedimientos y conocimientos que estén disponibles, y en incentivar la lectura como llave esencial de la creatividad literaria; pero que así y todo, *"lo que Natura non da, Salamanca non presta"*.

SOBRE EL AUTOR

Enrique D. Zattara, graduado en Filosofía por la UNED de Madrid, escritor, periodista y crítico literario nacido en Argentina y actualmente residente en Londres (UK), ha publicado más de veinte libros en los más variados géneros: Narrativa, Poesía, Ensayo e Historia. Entre ellos *Lazos de tinta* y *Dos cuervos en la rama* (novela); *Fotos de la derrota* y *Ser feliz siempre es posible* (cuento); *Omertá*, *Anatomía de la melancolía* y *Veinte epígrafes para un álbum familiar* (poesía); *Reflexiones de un filósofo aficionado*, *La escritura de la luz* e *Introducción al arte y la literatura argentina*.

Dirige actualmente el proyecto cultural multimedia El Ojo de la Cultura Hispanoamericana, es fundador de la radio cultural bilingüe ZTR Radio, Director de los Talleres de Escritura Creativa del mismo y coordinador del Club de Lectura del Instituto Cervantes de Londres.

Contacto:

elojodelacultura@gmail.com

edzattara@gmail.com

INDICE